高等职业教育公共基础课系列教材

沟 通 技 巧
第 2 版

主　编　杨丽彬
副主编　刘爱云　宋　艺
参　编　安洪斌　刘新梅

机械工业出版社

本书注重理论与实践相结合，围绕"讲清原理知识、评析案例实质、巧设情境训练"的编写思路，系统地讲述了沟通的基本知识、自我沟通、沟通的自身因素、沟通与礼仪、沟通方法、沟通法则等内容，并设置了丰富的课堂活动和课后拓展，以帮助学生拓宽视野，提高理论水平和实践能力。

本书可作为高职高专院校各类专业的教学用书，也可作为希望提高沟通交流能力的各类人员自学的参考用书。

为方便教学，本书配备电子课件等教学资源。凡选用本书作为教材的教师均可登录机械工业出版社教材服务网 www.cmpedu.com 免费下载。咨询电话：010-88379375。

图书在版编目（CIP）数据

沟通技巧 / 杨丽彬主编. —2版. —北京：机械工业出版社，2019.7（2025.7重印）
高等职业教育公共基础课系列教材
ISBN 978-7-111-63082-1

Ⅰ.①沟… Ⅱ.①杨… Ⅲ.①心理交往-高等职业教育-教材 Ⅳ.①C912.11

中国版本图书馆CIP数据核字（2019）第131347号

机械工业出版社（北京市百万庄大街22号　邮政编码100037）
策划编辑：杨晓昱　　　　　责任编辑：杨晓昱
封面设计：马精明　　　　　责任校对：张　力　李　杉
责任印制：常天培
河北虎彩印刷有限公司印刷
2025年7月第2版第7次印刷
184mm×260mm・11印张・216千字
标准书号：ISBN 978-7-111-63082-1
定价：35.00元

电话服务　　　　　　　　　网络服务
客服电话：010-88361066　　机　工　官　网：www.cmpbook.com
　　　　　010-88379833　　机　工　官　博：weibo.com/cmp1952
　　　　　010-68326294　　金　书　网：www.golden-book.com
封底无防伪标均为盗版　　　机工教育服务网：www.cmpedu.com

前言

沟通是一种能力，也是一门艺术，在市场经济高速发展的现代社会，沟通的重要性正在不断加强。现代管理学之父德鲁克曾说："一个人必须知道该说什么，一个人必须知道什么时候说，一个人必须知道对谁说，一个人必须知道怎么说。"

沟通技巧，实际上是人们综合运用有声和无声语言及礼仪等的能力。沟通能力是一个人智力和非智力因素综合的外在表现。因此，在学习沟通技巧的同时，还必须注重学习基本文化知识，培养和提高自己的创意策划能力、组织能力及其他相关能力，了解和掌握一般的礼仪知识。

本书第 1 版是由机械工业出版社与全国机械职业教育语文学科组合作开发的教材，自出版以来，受到了广大读者的欢迎。本书第 2 版进一步优化体例，更新内容，更加注重理论与实践相结合，围绕"讲清原理知识、评析案例实质、巧设情境训练"的编写思路，系统地讲述了沟通的基本知识、自我沟通、沟通的自身因素、沟通与礼仪、沟通方法、沟通法则等内容，并设置了丰富的课堂活动和课后拓展，以帮助学生拓宽视野，提高理论水平和实践能力。本书内容符合高职学生的学习特点，可有效调动和发挥学生的学习积极性。

本书由富有多年一线教学经验的教师精心编写，在编写过程中参阅了大量的资料，恕未一一列出，在此一并向相关作者表示衷心的感谢。

本书虽经多次校审，但由于编者水平有限，难免仍有瑕疵，欢迎读者指正，我们将不胜感激。

编　者

目 录

前 言

第一章　沟通的基本知识 ⋯⋯⋯⋯⋯⋯⋯⋯⋯⋯⋯⋯⋯⋯⋯⋯⋯ 001
　一、沟通的概念 ⋯⋯⋯⋯⋯⋯⋯⋯⋯⋯⋯⋯⋯⋯⋯⋯⋯⋯⋯⋯ 001
　二、沟通的三大要素 ⋯⋯⋯⋯⋯⋯⋯⋯⋯⋯⋯⋯⋯⋯⋯⋯⋯⋯ 002
　三、沟通的五种类型 ⋯⋯⋯⋯⋯⋯⋯⋯⋯⋯⋯⋯⋯⋯⋯⋯⋯⋯ 003
　四、沟通的两种基本方式 ⋯⋯⋯⋯⋯⋯⋯⋯⋯⋯⋯⋯⋯⋯⋯⋯ 004

第二章　自我沟通 ⋯⋯⋯⋯⋯⋯⋯⋯⋯⋯⋯⋯⋯⋯⋯⋯⋯⋯⋯ 018
　一、自我认识 ⋯⋯⋯⋯⋯⋯⋯⋯⋯⋯⋯⋯⋯⋯⋯⋯⋯⋯⋯⋯⋯ 018
　二、自我管理 ⋯⋯⋯⋯⋯⋯⋯⋯⋯⋯⋯⋯⋯⋯⋯⋯⋯⋯⋯⋯⋯ 020

第三章　沟通的自身因素 ⋯⋯⋯⋯⋯⋯⋯⋯⋯⋯⋯⋯⋯⋯⋯⋯ 030
　一、心态调整 ⋯⋯⋯⋯⋯⋯⋯⋯⋯⋯⋯⋯⋯⋯⋯⋯⋯⋯⋯⋯⋯ 030
　二、个人魅力 ⋯⋯⋯⋯⋯⋯⋯⋯⋯⋯⋯⋯⋯⋯⋯⋯⋯⋯⋯⋯⋯ 035

第四章　沟通与礼仪 ⋯⋯⋯⋯⋯⋯⋯⋯⋯⋯⋯⋯⋯⋯⋯⋯⋯⋯ 043
　一、沟通与礼仪的关系 ⋯⋯⋯⋯⋯⋯⋯⋯⋯⋯⋯⋯⋯⋯⋯⋯⋯ 043
　二、常用礼仪 ⋯⋯⋯⋯⋯⋯⋯⋯⋯⋯⋯⋯⋯⋯⋯⋯⋯⋯⋯⋯⋯ 044

第五章　沟通方法 ⋯⋯⋯⋯⋯⋯⋯⋯⋯⋯⋯⋯⋯⋯⋯⋯⋯⋯⋯ 077
　一、有效倾听 ⋯⋯⋯⋯⋯⋯⋯⋯⋯⋯⋯⋯⋯⋯⋯⋯⋯⋯⋯⋯⋯ 077
　二、牢记姓名 ⋯⋯⋯⋯⋯⋯⋯⋯⋯⋯⋯⋯⋯⋯⋯⋯⋯⋯⋯⋯⋯ 087
　三、风趣幽默 ⋯⋯⋯⋯⋯⋯⋯⋯⋯⋯⋯⋯⋯⋯⋯⋯⋯⋯⋯⋯⋯ 092

四、真诚道歉 ·· 102
五、批评有方 ·· 114
六、换位思考 ·· 119
七、婉言拒绝 ·· 125
八、真诚赞美 ·· 131

第六章 沟通法则 ··· 145
一、懂得尊重 ·· 145
二、心怀感恩 ·· 156

参考文献 ··· 170

第一章　沟通的基本知识

戴尔·卡耐基说过：一个人在事业上的成功，仅有15%靠他的专业技术，另外85%要靠他的处世技巧和人际关系。这就提示我们：青年人要想立志成才，既要具有一定的专业知识，还应当广结善缘、广交朋友、联络感情、交流信息、互相激励、取长补短。作为一名大学生，要想在职场上有所作为，就必须有能力应对各种问题和挫折，还要学会与同事、客户等合作者及社会上的各种人打交道。因此，了解沟通知识，掌握沟通技巧，并对人际关系进行良好的运作，就成为大学生进入职场、融入社会的重要保证。沟通技巧应当成为每位青年人的必修课。

一、沟通的概念

（一）沟通的定义

沟通是人们分享信息、思想和感情的过程。这种过程不仅包括口头语言和书面语言，也包含形体语言、个人的习气和方式以及物种环境（包括赋予信息的载体，如服装、饰物、气氛等）。

沟通不是一个人天生就会的，而是在学习、实践中培养和锻炼出来的，是人们彼此传递和交流信息的个人行为和社会互动行为的结果。所以，一个人如果想要恰当地与他人进行沟通，就得不断地学习。

（二）沟通的作用

有效沟通对一个人事业的成功、人际关系的和谐、生活的幸福有着直接的影响，沟通能力是一种可以随身携带、永不过时的基本能力，是一个人所拥有的重要资本。

沟通的作用具体表现为以下几点。

1. 沟通可以获得消息情报

通过沟通，可以了解周围环境及情况，并做出反应和抉择。

2. 沟通是联系社会的纽带

沟通使人们能在社会交往过程中，增强社会联系和社会意识，积极参加社会活动。

3. 沟通是前进的动力

沟通可以促进人实现当前目标和最终目标，激励人的意愿和理想，鼓励为实现共同商定的目的而进行的个别活动和社会活动。从步入职场到理财经营，从商场购物到居家生活，无论哪种社会活动都需要通过沟通确立目标、通过沟通获得支持，并产生积极进取的力量。

4. 沟通是伴随我们一生的教育

沟通知识可以促进智力的发展，培养人的品格，并使其在人生各个阶段获得各种技能和能力。

> **事例**
>
> 　　秦二世当政时，曾下令用油漆来漆城墙。对此，优旃持不同意见，他对秦二世说："很好，皇上即使不讲，为臣的也将请求这样做，漆城虽然使百姓忧愁，但是辉煌美观。城墙漆过之后显得高大威严而且光滑无比，敌人攻城时就爬不上来。"
> 　　优旃的话使秦二世在发笑之余，领悟到其反面的意思，便停止了这件劳民伤财的计划。

【评析】优旃在说话中恰当地表达了自己的意思，实现了自己的谈话目的，使残暴的秦二世不得不接受自己的建议，这说明有效沟通能够对人起到教育作用。

二、沟通的三大要素

沟通的要素包括沟通的目标；沟通达成的共同协议；沟通的信息、思想和感情三个方面。

（一）要有一个明确的目标

沟通一定要有一个明确的目标，这是沟通最重要的前提。没有目标的沟通不能称为沟通，只能叫作闲聊。当我们懂得这一点后，在和他人沟通的时候，所说的第一句话应该是："这次我找你的目的是……"沟通时所说的第一句话就要表述清楚自己想达到的目的，这是沟通行为的第一个要素。

（二）要达成共同的协议

沟通结束以后，一定要形成一个双方或者多方共同认可的协议，只有形成了这样的协议才算是完成了一次沟通。这不仅是沟通的要素，而且是一个非常良好的沟通行为。如果没有达成协议，就不能称之为沟通。因此，当我们明确了沟通的第二个要素以后，和他人沟通结束的时候，可以用这样的话来总结："通过刚才的交流，我们现在达成了这样一个协议……"这是沟通技巧的一个非常重要的体现。

（三）要沟通信息、思想和情感

沟通的内容不仅仅是信息，还包括更加重要的思想和情感。其中信息沟通较为容易，如今天几点钟起床、现在是几点了等，彼此之间很容易达到沟通的目的。但是在沟通过程中，传递信息并不是主要的内容，更难于做到的是沟通彼此之间的思想和感情。这就需要掌握恰当的沟通方法和方式。

> **事例**
>
> 英国维多利亚女王跟丈夫阿尔伯特亲王吵架后，想要和好，但丈夫闭门不出，拒绝来往。女王决心主动道歉，于是去敲丈夫的门。
> "谁？"屋里人问道。
> "我是女王。"女王回答。
> 门没有打开，又敲了几次，里面没有反应。这时女王才醒悟，马上换了温柔的语调说："对不起，亲爱的，我是你的妻子。"
> 门立即打开了。

【评析】沟通的对象不同、场合不同、情况不同，便会有不同的沟通类型。维多利亚女王的前后两种沟通方式不同，结果也就不同了。

三、沟通的五种类型

> **课堂活动**
>
> 想一想，在学习和生活中都有哪些形式的沟通？请列举。
> 从沟通对象来看，沟通不仅是与其他人交流交际，还包括自我沟通。"自我"即如何看待和感受自己。因此，从沟通的形式划分，沟通可以分为以下几类。

（一）自身沟通

自身沟通即发生在人们自身内部的沟通，包括思想、情感和人们看待自己的方式，还包括自我认知、自我评价等。例如，如果某天你过得很愉快，你可能以一种肯定的方式来看待自己。

（二）人际沟通

人际沟通即在一对一的基础上进行的沟通，一般发生在非正式的、不规则的环境中。这种沟通通常发生在两个人之间。例如，朋友之间交谈时，把自己的背景和经验融入谈话中。

（三）小组沟通

小组沟通发生在少数人员聚在一起解决某个问题时。小组必须足够小，以便小组成员都有机会与其他成员相互影响。它与人际沟通相比，环境比较正规。

（四）公共场合沟通

公共场合沟通即在公共场合中发送者向听众发送某种信息，沟通渠道扩大，但反馈受阻。例如，演讲、说书等。

（五）大众沟通

与公共场合沟通一样，大众沟通具有高度结构化的信息和大量的听众。它们的不同之处在于沟通时有无反馈，即大众沟通的发送者与接收者之间几乎没有交流。例如，在电视节目中主持人主持节目、演员表演节目时，电视机前的观众无法直接与之交流。

四、沟通的两种基本方式

> **课堂活动**
>
> 想一想，你在学习和生活中，常用什么方式和他人沟通？请列举出来。
>
> 在沟通中，人们使用得最多的是语言——口头语言和书面语言。书面语言，如短信、书信等，这是人类特有的一种非常好的沟通模式。实际上在学习和生活中，人们除了使用语言沟通外，有时还会使用肢体语言去沟通，如用眼神、面部表情和手势去沟通。归纳起来，沟通方式有两种：语言沟通和非语言沟通。

（一）语言沟通

1. 语言沟通的特点及要点

语言沟通的特点：词语是沟通的基础，人决定含义，语言环境决定含义，风格、角色和团体成员决定含义。

词语有褒贬、轻重等词典规定的意义，但在具体的语境中会有其当时、当地和人物背景形成的临时语义。例如，《荷花淀》中寻找去当八路打鬼子的丈夫的一群女人们，明明心里爱着自己的丈夫，可嘴里却说他们是"狠心贼"。

交谈是靠声音来实现的，如果声音使用不当，就可能成为他人理解信息的阻力。因此，交谈的内容重要，而以声音所反映出来的表达方式同样重要。这正如"人饰衣服，马饰鞍"一样，要想进行有效的语言沟通，也要修饰自己的语言。"口语修辞"能起到修饰语言的作用，就是在表达某种语义时，常在话说出口前有意识地对语调、语气、重音、停顿、节奏等做一些修饰或调整。口语修辞是将话说得准确、鲜明、生动、得体的技巧，是使沟通更有效的一种语言艺术。

在语言沟通时，要合理使用不同的声音要素，才能达到好的沟通效果。因此，要学会美化自己的声音。

2. 美化声音

要修炼自己说话时的形象，完全可以通过后天的自我训练来提高，可以从以下方面进行。

（1）巧用语调　俗话说，听话听音，锣鼓听声。生动多变的语调是一种表意功能很强的口语修辞手段。语调的构成因素比较复杂，它是由节奏的快慢起伏、音调的抑扬顿挫、语速的停延连接和音量的轻重强弱通过不同的方式组合而成的。

语调高低升降的变化可以表达不同的含义，常见的有：

1）高升调。常用于呼唤、号召、惊疑等情感较为激昂的句子。

例如，让我们高举起振兴中华民族的希望火炬，去奋斗！去开拓！去创造我们美好的未来！

2）平直调。多用于一般的叙述、说明句。

例如，我不相信鬼神，但我相信，每个人都有他自己的命运。

3）抑降调。多用于祈使、感叹等句子。

例如，每个人都有自己的人生航线，但是没有一条会是笔直的，它充满着曲折，我们的历史就是这样。

4）曲折调。一般表示含蓄、反诘、夸张等情感。

例如，什么"自由""平等"，全是骗人的。

> **| 课堂活动 |**
>
> 根据括号内的提示，用恰当的语调说出下面的话。
> "你到这里来过？"
> 1. 高兴（这太好了！）
> 2. 惊讶（真没有想到。）
> 3. 怀疑（这可能吗？）
> 4. 责怪（你不应该来呀！）
> 5. 愤怒（真是太不像话了！）
> 6. 惋惜（唉！无可挽回的过失。）
> 7. 轻蔑（这种地方你也来，你是什么东西。）
> 8. 冷漠（是否来过与我无关。）

（2）吐字清晰　发音时应该使语音标准规范，吐字要清晰，做到字正腔圆。吐字就是声母要像喷出来那样清晰有力，要靠这股力量带动韵母的发音。韵母要拉开立起，使整个音节响亮，圆润饱满。尾音收音要归到应有的位置，不能含混。尾音是前一个音节的结尾，又是下一个音节的开始。发声的基本要求是加大气息，喉部放松，借助适度的共鸣来扩大音量，美化音色。

> **| 课堂活动 |**
>
> 请读清楚下面的绕口令。
> 1. 三山撑四水，四水绕三山，三山四水春常在，四水三山四时春。
> 2. 粉红墙上画凤凰，红凤凰，粉凤凰，红粉红凤凰，粉红粉凤凰。
> 3. 轻重音练习：<u>他</u>吃了一块蛋糕。
> 　　　　　　　他<u>吃</u>了一块蛋糕。
> 　　　　　　　他吃了<u>一块</u>蛋糕。
> 　　　　　　　他吃了一块<u>蛋</u>糕。

（3）控制节奏　交流沟通时，要从实际内容出发，根据内容的要求、感情的变化来确定说话的速度、声调的高低，做到快慢高低得体、缓急适中、快而不乱、慢而不滞，使语言富有节奏变化，让人爱听。抑扬顿挫才会引人入胜。

下面几种语言节奏较为常用，应注意掌握：

1）高亢型。声音偏高，起伏较大，语调昂扬，语势多上行。用于鼓动性强的演说，叙述一件重大的事件，宣传重要决定及使人激动的事。

2）低沉型。语流偏慢，语气压抑，语势多下行。多用于悲剧色彩的事件叙述，或慰问、怀念等。

3）凝重型。声音适中，语流适当，既不高亢，也不低沉，重点词语清晰沉稳，次要词语不滑不促。用于发表议论和某种语重心长的劝说，或抒发感情等。

4）轻快型。多扬少抑，听起来不费力。日常性的对话、一般性的辩论都可使用这种语言节奏。

5）紧张型。语流较快，句中不延长停顿。用于重要情况的汇报，必须立即加以澄清的事实申辩等。

6）舒缓型。声音不高也不低，语流从容，既不急促，也不大起大落。说明性、解释性的叙述，学术探讨等宜用。

在不同的场合，要注意运用有效的发音。坚毅激进的声音，可以给人一种奋进感；柔和清脆的声音使人愉快；低缓忧郁的声音让人感伤；而粗俗急躁的声音使人愤怒。所以，要试着去掉自己的发音障碍，调整节奏和音色，做个说话受人欢迎的人。

（4）声气传情 "声气传情"包括多种技巧，主要指的是语气。不同的发声方式和不同的气息状态可以表达不同的思想感情。为了使语言表达出思想的紧张严肃、轻松愉快以及情节的跌宕起伏，就需要使用语言艺术的摹声、气音、颤音、拖腔等表现手法。摹声：如马蹄哒哒，模仿老人说话等。气声：声带收缩不振动，用带有气流的语气来说话，如"这是谁呀？怕是偷东西来了吧？"颤音：声音发抖。拖腔：使声音漫长、委婉的说唱方法，如"这……我还是下次再告诉你吧。"

在人际交往中，人们最忌讳那种傲慢的腔调、得意忘形的神情、刻板僵硬的语气。而谦逊的态度和委婉动听的语调会令人心悦诚服。

事例

在奥斯卡领奖台上，著名影星英格丽·鲍曼在连获两届最佳女主角奖后，又一次获得最佳女配角奖，但她对和她角逐此奖的弗伦汀娜极其推崇和敬佩。"原谅我，弗伦汀娜，我事先并没有打算获奖。"

【评析】谦虚的一句话消除了对方的心理隔阂，促进了两个人的友谊。

说话时，要让自己的声音充满热情与活力，这是使谈话精彩的有效方法。响亮而生动的声音给人以充满活力之感，这样的声音能带动和感染自己的沟通对象。

（5）音量适当 语言的威慑力和影响力与声音的大小是两回事。声音过大只能迫使他人不愿听你讲话，讨厌你说话的声音，粗声大嗓是一种不文明的表现。

每个人的声音大小有一个范围，试着发出各种音量，仔细听听，找到一种适合自己的音量。根据情境或场合的需要掌握音量的大小，人数不同，语气也不同。

例如，如果你到了有2000个座位的大会堂，但是只来了200人，你除了请这200人尽量往前面坐，是不是也得改变音量？2000人是大演讲，200人是小演讲，20人就成了谈话会。你怎能用对2000人演讲的语气来对眼前的20人说话呢？只怕当你那么做的时候，仅有的20人也要走了，因为你表现得太夸张，音量太大，令人受不了。

声音可以塑造

请不要以为声音全是天生的，改不了；也不要以为会讲话、能成为演说家的人一定要会说普通话。其实，这些都是可以通过后天来塑造的。

我们看模仿秀，不论原本自己的声音怎样，通过一会儿把声音压扁，一会儿把声音放低，又一下子拉高、拉长等变化，模仿者即刻将模仿对象模仿得惟妙惟肖。

试一试，找出自己弹性的"音域"。

如果觉得自己的声音不够好，就可以多练。

首先，可以试着把同一句话，如"风调雨顺"，用不一样的声音各说一遍。先沉下来，用低音，再一次一次地渐渐拉高。也可以先用粗浊的音色说，再改成尖细的调子。

通过这种方式，就可以找出自己的"音域"，也就是"有多大发挥的空间和多大的可塑性"。

当然，在进行语言沟通时，会有种种障碍影响沟通效果，因此要学会克服消极的讲话障碍。例如：

1）习惯和别人唱反调。在生活中，有一些人常常喜欢和别人唱反调，无论别人说什么，他总习惯反驳，总是自以为比别人高明，凡事都想占上风。

事例

关羽受刘备重托留守荆州时，诸葛亮再三叮嘱他"北拒曹操，南和孙权"。可当孙权派人来见关羽，为儿子求婚时，关羽一听大怒，喝道："吾虎女安肯嫁犬子？"关羽说这话时没有顾全大局，不计后果，导致吴蜀联盟破裂，最后刀兵相见，关羽也败走麦城，被俘身亡。

【评析】性格和情绪上的偏激，是为人处世一个不可小觑的缺陷。

偏激的人大多人缘较差。偏激是一种心理疾病，它源于知识上的极端贫乏、信息上的孤陋寡闻、社交上的自我封闭、思维上的主观唯心主义等。

课堂活动

请演示：1. 一个人买了件新衣服，向你征询意见。你会怎么说？
2. 有人在讲笑话，而你恰恰刚听过。你会怎么做？

2）事后责难。我们常常会遇到这样的情况：某人做错了一件事，有人便开始指责、讥讽、奚落等，最后两个人不欢而散。

事例

早晨，天空阴沉沉的，王丽要去上学。她的妈妈说："丽丽，带上伞，看样子今天要下雨。"王丽说："不带了，天气预报说今天没有雨。"下午放学时，果然下雨了。王丽到家时，衣服都湿透了。她妈妈便开始责难："早晨让你带伞，你不听，看看，湿透了吧！活该！不听老人言，吃亏在眼前。你真傻，没带伞也不会找个地方避一避雨……"妈妈还在不停地数落着，王丽一生气，走进自己的房间，"砰"地关上了门。

【评析】王丽的妈妈出于对女儿的关爱，对王丽多说了一些话，却没有被女儿领情，反而招致了女儿的反感，使两个人的沟通陷于困境。可见，事后责难毫无意义，不如心平气和地提出一些具有建设性的建议。

课堂活动

就上述事例，请你以王丽妈妈的身份对王丽说几句能让王丽心悦诚服地接受的话。

提示："丽丽，看你淋成这样，妈妈好心疼啊。快来，妈妈帮你换换衣服。古人说'晴带雨伞，饱带饥粮'，你看有道理吗？"

有效地完成沟通才是目的。因此，在沟通过程中，要最大限度地自我控制情绪，要尊重对方，不使用讽刺的或使人听了不舒服的字眼，应该站在朋友的立场上，给予恳切、正确的指正，让对方感知到你对他的关爱、尊重与友善，从而保持心理平衡，心悦诚服地自觉去改过。

3) 唠叨。如果某人对某事发表看法，他（她）总是重复自己的话或观点，这就是唠叨。唠叨是一种自控力的缺失，也就是不知道自己必须说什么和如何去表达。有效的沟通需要的是自己知道为什么说、怎样说得恰当的语言交流。

甘乃斯法则：人心不是唠叨能够改变的。

波士顿一家邮报报道："世界上的太太们，一天到晚不停地唠叨，无异于自掘婚姻坟墓。"

事例

拿破仑三世的皇后玛丽·尤金尼是一位绝世美人，拿破仑三世冲破一切阻挠娶了她，但过了一段美好时光后，他们的婚姻滑向了不幸的边缘。原来，即使全国最昂贵的物品和最高的权力也无法阻止玛丽滔滔不绝的唠叨。

> **课堂活动**
>
> 情境练习。
> 1. 用不同的语调说:"你真好!""快来啊!""啊,欢迎你们!""快来看啊,这些贝壳真好看!"
> 2. 笑语练习:《范进中举》中的"他爬将起来,拍着手大笑道:'噫,好!我中了!'"
> 3. 哭诉练习:《一月的哀思》中的"敬爱的周总理,多少人喊着你,扑向灵车;多少人跑向你,献上花束和敬礼;多少人想牵动你的衣襟,把你唤醒;多少人想和你攀谈知心话语。"

(二)非语言沟通

非语言沟通是指借助于人的表情、目光、体姿、动作等所进行的沟通交流。在各个民族产生和形成自己的语言文字之前,人类一直在使用非语言的形式传递和交流信息。研究人员发现,在交际信息传递过程中,45%通过有声语言传递,而55%是由非语言信息传递的。所以,在整个交流中,语言只起到了方向性和规定性的作用,而非语言沟通才准确地表达了信息的真正内涵。非语言行为在人际沟通中不但起到支持、修饰或否定语言行为的作用,而且可以直接替代语言行为,甚至反映出语言难以表达的思想情感。

非语言沟通的种类有以下几种。

1. 表情

表情是人类在进化过程中不断丰富和发展起来的一种交流手段。表情能够传递个人的情绪状态或态度,喜、怒、哀、乐、愁等心理状态都能在面部表情中得到淋漓尽致的展示。在交流与沟通的过程中,决不能对着天空高谈阔论,或者对着地面埋头苦讲,一定要注意对方的表情及其变化,及时做出反应和调整。

2. 目光

在人际沟通中,目光是一种非语言信号,向他人传递着态度、情感等信息。同时对方的许多信息特别是非语言信息,也需要通过眼睛去搜集和接收。在人际沟通中,要善于使用目光,用目光来表明赞赏和强化自己的语言及行为。

在交流过程中,如果总避免注视某个人,对方会猜测你是焦虑的、不诚实的,或比较感兴趣于你的眼神正在关注的事物。因此,交流中要注重眼神的运用。适当的眼神接触是敬意和注意的有力象征。眼神接触能有力地表示出一个人的态度,如服从、胆怯、愤怒等,是沟通的重要技巧。眼神接触要自然,不要过频或逃避对方的眼神,或以敌视的眼神望着对方。与人交流时也不需要自始至终地望着对方的眼睛，可不时转移至对方面部的其他地方，如额头、鼻子等，这样会表现得更为自然得体。眼神运用时停留的位置有：

(1) 亲密注视　两腿与胸之间的三角区（大三角区）。

(2) 社交注视　两眼与嘴部的三角区（小三角区）。

(3) 商谈视线　额头和双眼之间的正三角区域。

(4) 斜视　斜眼看人表示兴趣或敌意。配合眉毛、嘴等部位，表示出兴趣或怀疑、敌意、批评等。

3. 体姿

体姿即身体姿态，在人际交往中起着重要作用。它既能表达出说话者的情感思想，又是一个人修养的体现。良好的体姿能给人以美好的印象，增强语言沟通的效果。人们对待他人的态度在一定程度上是通过体姿表现出来的。虽然体姿不能完全表达个人的特定情绪，但它能反映一个人的紧张或放松程度。当某人对交流对象感到拘谨、恐惧、敌意或不满时，往往会出现体姿僵硬、肌肉绷紧的情况。在这种情况下，交流双方往往都感到不自在，人际沟通达不到预期的效果。所以说不同的体姿也是一种沟通行为。

(1) 站姿　站立是人们在生活中的一种基本举止。古人要求"站如松"，就是要求站立时像挺拔的青松一样端庄、伟岸，显示出一种自然美。

人们在生活中常常是站立的。站立时，应头正颈直，双眼平视前方，嘴唇微闭，下腹微收，挺胸直腰，双肩保持水平，两臂自然下垂，手指并拢自然微屈，左右手中指分别压在左右裤缝，腿膝伸直，下体自然挺拔，脚跟并拢，两脚尖张开夹角45°，身体重心落在两脚之间。站立后，竖看要有直立感，即以鼻子为中线的人体应大体成直线；横看要有开阔感，即肢体及身段应给人以舒展的感觉；侧看要有垂直感，即从耳与颈相接处至脚的踝骨前侧亦应大体成直线，给人以一种挺、直、高的美感。

男女的站姿略有不同，形成不同侧重的形象。男子站立时身体重心放在两脚中间，不要偏左或偏右；双脚与肩同宽而立；双手可自然下垂，必要时可单手或双手在体后交叉。男子应站得英俊洒脱，挺拔舒展，精神焕发。女子站立时身体重心在两足中间脚弓前端位置，双脚呈"V"字形站立；手自然下垂或向前向后交叉放置。女子应站得秀雅大方，亲切和善，姿态优美，一展贤良淑女的形象。

站立时应克服不雅的姿态，包括弯腰驼背、身体倚门靠墙或靠柱、左右摇晃、歪头斜脖、撅臀屈腿、双脚交叉、叉腰斜立等。不雅的站姿给人以懒惰、轻薄、乏力，不健康的印象，是有损交际形象的。

(2) 坐姿　坐要有坐相，如古人所谓的"坐如钟"，就是说坐姿要端正。落座应该挺胸直腰，落落大方，端庄稳重。如果面对面谈话，身体应该稍前倾而坐，双膝间的距离约为一个拳头较合适。人的正常坐姿，在其身后无依靠时，上身应正直而稍向前倾，头平正,两臂贴身自然,两手随意放在自己腿上,两腿间距和肩宽大致相等,双脚自然着地。背后有依靠时,背部轻挨靠背,但不要整个背部后仰;在正式社交场合,或有尊长在场时,要"正襟危坐",臀部只坐椅子的2/3,上身与大腿之间、大腿与小腿之间均成直角,不能随意把头靠在沙发背上,显出懒散的样子。就座以后,不能两腿摇晃抖动,或者跷二郎腿。座位前面无遮挡时,男子双脚不要超过肩宽;女子双脚应当并拢,特别是穿裙子时更要注意。世人称女人双腿叉开而立、叉开而坐、叉开而蹲为"三大非淑女之举",均有碍观瞻,有失体面,应当避免。

坐时应克服不雅的坐姿,包括半躺半坐、前仰后倾、歪歪斜斜、两腿伸直跷起或双腿过于分开、跷二郎腿并颤抖摇腿、将两手夹在大腿中间或垫在大腿下、用脚勾着椅子腿、脚放在沙发的扶手上等。不雅的坐姿给人轻浮且缺乏修养的印象,是失礼和不雅的举动。坐在沙发上,摆出一副懒散的姿态也是不雅观的。最不礼貌的姿态就是弯腿坐下时,把裤脚管提起来,暴露出一截腿肉来。

(3) 行姿　出门行走是人们每天都要进行的室外活动。除了站和坐以外,古人还要求"行如风",即走得正确、优雅、轻捷,有节奏感。这是走姿的最基本要求。

人的正常走姿应当是身体直立,昂首挺胸,收腹直腰,两眼平视前方,肩平不摇,双臂自然前后摆动,脚尖微向外或向正前方伸出,两腿有节奏地向前交替迈出,并大致走在一条等宽的直线上。走时步履轻捷,两臂随身体自然摆动。如果走路时身体前俯后仰、左摇右摆,或者两脚同时向里侧呈八字形走步,都显得不雅观。

行走时,对男女的要求还有一定区别:要求男子步履雄健有力,不慌不忙,展现雄姿英发、英武刚健的阳刚之美;要求女子步履轻捷优雅,步伐适中,不快不慢,展现出温柔、矫健的阴柔之美。

行走时应克服不雅的走姿,包括重心不稳、弯腰驼背、左摇右晃、步履拖沓、内八字脚或外八字脚、背手、插兜、抱肘、叉腰、拖拉着鞋走出嚓嚓声响等。不雅的走姿破坏了走韵的平衡、对称及和谐一致的感觉,是有失风度的。

4. 手势及其他动作

说话时可以适当地配合运用手势,以加强内容表达和感染力。但是注意手势运用要适当自然,不要太夸张。

动作要清楚、自然。简单的动作有助于表达,加强说服力;夸张的动作会令人觉得神经质,因此运用肢体动作配合表达要适当。

5. 微笑的魅力

对人真诚地微笑,胜过一切千言万语。微笑的重要在于如果学会微笑,便等于学会了如何沟通。

面及眼是最易引起注意的身体部位，是非常复杂的表情器官。面部表情基本上可以分为惊讶、害怕、生气、嫌恶、伤心等，也可同时将多种表情结合在一起。通过对对方面部表情的观察，就能很正确地判断出对方面部表情所代表的情绪。

与人交往时，面部表情宜生动自然。笑容是面部表情的重要一环。一个友善的笑容，表示亲切、愿意与人交往。其他人接收到这个友善的信息后，也愿意接近你并与你交往。

事例

希尔顿是全球最大的连锁酒店——希尔顿酒店集团的拥有者。有一次，希尔顿召集全体员工开会，他对大家说："现在我们新添了一流的设备，你们认为还应该配备哪些一流的东西，才能使顾客更喜欢希尔顿酒店呢？"员工们的回答五花八门，但希尔顿都不满意，他笑着摇摇头说："你们仔细想一下，如果酒店只有一流的设备，而缺少了一流服务员的微笑，那么顾客会认为我们提供了他们全部想要的东西吗？缺少服务员的美好微笑，好比花园失去了春天的阳光与春风。假如我是顾客，我宁愿住进只有破旧的地毯却处处见到微笑的小店，而不愿意走进只有一流设备但处处阴沉着脸的酒店。"希尔顿经常到设在世界各地的希尔顿酒店视察，他对员工询问得最多的一句话便是："你今天对客人微笑了没有？""微笑服务"成为希尔顿人的座右铭。

在1929～1933年美国经济危机期间，整个美国的酒店倒闭了80%，希尔顿酒店也陷入了困境，一度负债50万美元。即使在如此艰难的时刻，希尔顿也不忘提醒员工要面带微笑，告诫大家千万不可把愁云摆在脸上，让微笑永远属于顾客。经济危机一过，希尔顿酒店立即进入了发展的黄金时期，由初创时的一家发展到几十家，并逐渐遍布五大洲的各大城市。它成功的奥秘之一，就是服务员春意融融的微笑。

【评析】没有什么比灿烂的微笑更容易受到人们的欢迎，微笑是人们相互理解、增进感情的重要手段，是与人沟通的"通行证"。英国诗人雪莱曾经说过："微笑是仁爱的象征、快乐的源泉、亲近别人的媒介。有了微笑，人类的感情就沟通了。"

在社会生活和人际交往中，轻视或错用肢体语言，会带来或多或少的不良影响，甚至造成沟通的失败。肢体语言是因人而异的，不能随意使用。例如，有的民族不准外人抚摸小孩的头，此外注视陌生人的眼神和注视时间都有特定含义等。所以，要多了解肢体语言的含义，避免误用肢体语言。

小贴士

当你遇到困难，忍不住想发脾气时，提醒自己：微笑才能解决问题。

事例

玛丽·凯是美国一位企业家,她年轻时做过推销员,销售经理与她握手时,只轻轻碰了她一下,她感觉被轻视了。她后来发誓自己要把注意力全部集中在同她握手的人身上。她自己成立公司后,她的做法感动了与他合作的人,大家觉得她热情、真诚,于是她的事业蒸蒸日上。

【评析】 注意:握手时若掌心向下显得傲慢,表现出支配欲和驾驭感;若掌心朝上,则显得谦恭;若伸出双手捧接对方的右手,更显得谦恭备至。

事例

赫鲁晓夫在联合国大会上曾做过一次感情充沛、内容丰富的演讲,在演讲结束部分,他过于激动,当场脱下一只皮鞋,用它代替手掌在讲台上使劲拍打,举座哗然。

【评析】 粗鲁无礼的体态语非但没有达到预期的效果,反而使得整个演讲以失败告终,并且成为他人的笑料。

课堂活动

(一)抢答,回答"对"或"错"

1. 当一个人试图撒谎时,他会尽力避免与你的视线接触。
2. 眉毛是传达一个人的感情状态的关键线索之一。
3. 所有的运动和非语言行为都有其含义。
4. 大多数非语言沟通是无意识行为的结果,因而是个人心理活动的最真实流露。
5. 别人对你的反应取决于你通过沟通留给他们的印象。

参考答案

1. 错。"撒谎者不敢看他人的眼睛"已经成为常识,所以狡猾的撒谎者常常能够在双目直视你的情况下撒谎。要识别谎言,需要捕捉其他更能说明问题的信号。
2. 对。人们的眼睛是最能表达内心活动的面部因素之一,另一个则是嘴唇。
3. 对。人们可能并没有在每一个姿势中都有意地去传达某种信息,但这些动作和姿势却不可避免地落在对方眼里并产生一定的感想。
4. 对。
5. 对。因为人们总是根据他人留给自己的整体印象做出反应,而他人对我们的反应也是同样的。

（二）情感训练

请用肢体语言分别表现喜悦、愤怒、悲伤、害怕、拒绝等情感。

（三）沟通训练

材料准备：准备一些 A4 白纸。

参加人数：主持人 1 名，参加人数 10～30 人。

游戏做法：

1. 将 A4 纸发下去。主持人说："来，每两人共分一张 A4 白纸，每个人一半。"

主持人的话讲到这里就不讲了，猜猜看，会发生什么事？有的人把这张纸"哗"地撕开了，有的是横着撕，有的是竖着撕。主持人如果提出质问："我说要撕开吗？"大家就会笑起来。这就是沟通不良。主持人只说这一句话，马上就出现不同的结果。

重新分发 A4 纸，主持人说："来，每两人共分一张 A4 白纸，每个人一半。"这一次就没有一个人撕了。

接下来主持人做个示范，并说："现在每个人半张纸，然后像这样撕。"

于是大家全部按照主持人那样，"哗"地将纸撕开。

2. 主持人说："将半张纸分成大小一样的四条。"

马上就会出现不同的分法，有的是这样分，有的是那样分；有的宽，有的窄，又不一样。主持人说："我要四条窄的。"于是，分成宽纸条的统统丢掉自己的纸。把纸发下去再分，这回每个人都是分成四条窄的了。

3. 主持人说："将每一条放在另一条的中间。"

结果全场至少出现了五六种叠放的方式，有的像"米"字，有的像"井"字，有的统统叠放在一起，总之，各式各样的都有。

这个游戏说明，只要话没讲清楚，其他人就会按照自己的想法去做。通过这个游戏，可以测验我们是否把话讲清楚了。

所谓沟通的过程，就是一个人要在信息发出来时开始编码（Coding），这叫作用一种方法讲给别人听。然后，经过一个渠道以后，传到另外一个人的耳朵里开始解码（Decipher），即人家的话我是否听得懂。

课后拓展

（一）小测试

你是否令人讨厌？请在每道题后选择"是"或"否"。

1. 在匆忙行走的路上，别人向你打招呼："你好啊！"你会停下脚步，和对方聊聊吗？

2. 与朋友交谈时，你是否总是自高自大？

3. 在聚会中，不到人人都疲倦时，你不会告辞吗？

4. 不管别人有没有要求，你都会主动提出建议，告诉他人应该如何去做吗？

5. 你讲的故事或逸事是否又长又复杂，别人需要耐心去听？

6. 当他人在融洽地交谈时，你是否会贸然插话？

7. 你经常会津津有味地与朋友谈起一些他们不认识的人吗？

8. 当别人交谈时，你是否会打断他们的谈话内容？

9. 你是否觉得自己讲的故事要比别人讲给你的更有趣？

10. 你要朋友信守诺言，常提醒他"你记得否……"或"你忘了吗……"如果他们忘记了，你是否坚持说他们一定记得？

11. 你是否坚持要朋友阅读你认为有趣或值得一读的东西？

12. 你是否打电话时说个没完，让他人在一旁着急等候？

13. 你是否经常发现朋友的短处并要求他们去改进？

14. 当别人谈到你不喜欢的话题时，你是否就不说话了？

15. 对自己种种不如意的事情，你是否总喜欢找人"诉苦"？

测试规则：

每题答"是"记1分，答"否"记0分。各题得分相加为总分。如果超出5分，说明你有许多习惯令人讨厌，在日常交往中要注意改进。

（二）名句积累

1. 与人交谈一次，往往比多年闭门劳作更能启发心智。思想必定是在与人交谈中产生，而在孤独中进行加工和表达。

——列夫·托尔斯泰

2. 一个人必须知道该说什么，一个人必须知道什么时候说，一个人必须知道对谁说，一个人必须知道怎么说。

——现代管理之父德鲁克

3. 每一个人都需要有人和他开诚布公地谈心。一个人尽管可以十分英勇，但他也可能十分孤独。

——海明威

4. 恰当地用字极具威力，每当我们用对了字眼……我们的精神和肉体都会有很大的转变，就在电光石火之间。

——马克·吐温

5. 向随便什么人征求意见，叙述自己的痛苦，这会是一种幸福，可以跟穿越炎热沙漠的不幸者，从天上接到一滴凉水时的幸福相比。

——司汤达

（三）沟通故事

1. 有一个秀才去买柴，他对卖柴的人说："荷薪者过来！"卖柴的人听不懂"荷薪者"（担柴的人）三个字，但是听得懂"过来"两个字，于是把柴担到秀才面前。秀才问他："其价如何？"卖柴的人听不太懂这句话，但是听得懂"价"这个字，于是就告诉秀才价钱。秀才接着说："外实而内虚，烟多而焰少，请损之。（你的木材外表是干的，里头却是湿的，燃烧起来，会浓烟多而火焰小，请减些价钱吧。）"卖柴的人因为听不懂秀才的话，于是担着柴就走了。

2. 美国知名主持人林克莱特一天访问一名小朋友，问他说："你长大后想要干什么呀？"小朋友天真地回答："嗯……我要当飞机驾驶员！"林克莱特接着问："如果有一天，你的飞机飞到太平洋上空时所有引擎都熄火了，你会怎么办？"小朋友想了想："我会先告诉坐在飞机上的人绑好安全带，然后我挂上我的降落伞跳出去。"当现场观众笑得东倒西歪时，林克莱特继续注视这孩子，想看他是不是自作聪明的家伙。没想到的是，孩子的两行热泪夺眶而出，这才使得林克莱特发觉这孩子的悲悯之情远非笔墨所能形容。于是林克莱特问他说："为什么要这么做？"小孩的答案透露出一个孩子真挚的想法："我要去拿燃料，我还要回来！"

3. 有一个人因为生意失败，不得已变卖了新购的住宅和心爱的小跑车，改以电动单车代步。有一日，他和太太一起，相约了几对私交甚笃的夫妻外出游玩，其中一位朋友的新婚妻子因为不知详情，见到他们夫妇共乘一辆电动单车来到约定地点，便冲口而出地问："为什么你们骑电动单车来？"众人一时错愕，场面变得很尴尬，但这位妻子不急不缓地回应："我们骑电动单车来，是因为我想抱着他。"

第二章　自我沟通

课堂活动

请你离开座位，在教室里与尽可能多的同学握手，握手时请面带微笑，注视对方，真诚地道一声"你好"，微笑握手。

老师喊"停"时，请你与正在握手的同学走到一边，进行2分钟的交流。

目的：在沟通中注意自己的表现，并说一说你是否对自己满意并充分了解。

一、自我认识

自我认识就是指人对自己及其外界关系的认识，也是认识自己和对待自己的统一。全面认识自己，既要认识自己的外在形象，如外貌、衣着、举止、风度、谈吐等，又要认识自己的内在素质，如学识、心理、道德、能力等。一个人的美应是外在的美与内在的美的和谐统一，内在的美对外在的美起促进作用。

圣女贞德说："所有战斗的胜负首先在自我的心里见分晓。"大多数人通过他人对自己的看法来看待自己。其实，仅凭他人的一面之词，即他人对自己的评论来评判自己，就会面临严重束缚自己的危险。因此，只能把他人的溢美之词当作自己生活中的点缀，人生的棋局还应该由自己来掌握。不要从他人身上找寻自己，应该经常通过自省来塑造自我。

课堂活动

10个"我……"。

操作：请以"我……""我是……""我喜欢……""我要……""我曾……""我不……""我可以……""我想……"等句型写下10个描述自己的句子，然后在每个句子前的括号内填上阿拉伯数字1~10，1代表最重要、最不可或缺的句子，以此类推。

请与团体成员分享：你对自己的评价和其他人对你的认识一样吗？

结果说明"自我"与"自我意识"并不相同。

事例

20世纪90年代初,在美国爱荷华大学,中国留美博士卢刚残忍地枪杀了爱荷华大学一位副校长、三位教授和一位同样来自祖国大陆的留学生山林华,使得该校天体物理领域的许多科研毁于一旦。卢刚为什么要制造这起惨绝人寰的杀人事件?卢刚自幼聪颖,18岁即以优异成绩考入北大物理系,1984年由李政道推荐赴美国爱荷华大学攻读博士学位,其间一路顺畅。与他一同来到美国的山林华来自安徽贫穷山区,吃苦耐劳,坚忍执着,赢得了导师的喜爱和同学的尊重,学业水平也扶摇直上。相形之下,卢刚则逊色不少,于是,他心理严重失衡,不能容忍自己的地位受到挑战,最终举起了罪恶的枪。

【评析】卢刚本来一帆风顺,前途无量,是什么原因让他走向毁灭?卢刚走向毁灭的因素是多方面的,但放纵自我,不能正确认识自我是其中的重要原因。他极度的自信又蜕变为极度的自卑,他怀疑一切,又仇视一切,已完全不能把握自己,自我恶性被放大并彻底扭曲。可见,自我认识是一种宝贵品质。当然,自我认识也并非是一件容易的事情。

与人交往沟通的时候,要使他人接受自己,就必须展现自己的特点和风采,而前提条件是要接受自己、认可自己、相信自己。"自助者,天必助。"只有坚信自己,并能够付出努力,就一定会得到他人的认可,获得成功。但是生活中有很多人不喜欢自己,不悦纳自我,那么这样的人就先给自己在成功的道路上设置了一个障碍。

课堂活动

请准备一张纸,纸的中间画一道线,在线的左边写上现实的我,右边写上理想的我。请专心在左边写下你认为在现实中你是个怎样的人,你的性格、你与同学及老师的关系,或者你的长相,只要你想到有关自己的一切都可以写上(可以分出优缺点);然后在右边写下你理想中的自己是怎么样的一个人。仔细思考后再下笔,也许这个游戏可以告诉你意想不到的信息。确定没有需要增减后,对比一下两栏的内容,然后看一看现实中的你和理想中的你差距有多大,有多少项是相同的,有多少项是不同的。

事例

一天,一个喜欢冒险的男孩爬到父亲养鸡场附近的一座山上,发现了一个鹰巢。他从巢里拿出一个鹰蛋,带回养鸡场,把鹰蛋和鸡蛋混在了一起,让一只母鸡来孵。于是,孵出来的小鸡群里就有了一只小鹰。小鹰和小鸡一起长大,因而不知道自己除了是小鸡外还会是什么。起初它很满足,过着和鸡一样的生活。

但是，当它逐渐长大的时候，它内心里就有一种奇特的不安的感觉。它不时地想："我一定不是一只鸡！"只是它一直没有采取什么行动，直到有一天一只老鹰翱翔在鸡场的上空，小鹰感觉到自己的双翼有一股奇特的力量，感觉胸腔里正猛烈地跳动着。它抬头看着老鹰的时候，一种想法出现在心中："我和老鹰一样。养鸡场不是我待的地方。我要飞上青天，栖息在山崖上。"

它从来没有飞过，但是它的内心里有着力量和天性。它展开了双翅，飞升到一座矮山的顶上。极度兴奋之下，它又飞到更高的山顶上，最后冲上青天，到达了高山的顶峰。它发现了伟大的自己。

【评析】发现自己，要有积极的自我认识。小鹰首先认识到自己不是一只鸡，要飞上青天。我们要想成就自己的事业，也要做到清楚地了解自己，也就是要正视自己，而不能欺骗自己。要像小鹰一样，经常检查自我认识的状况，并不断验证自己的这种认识。相信自己的能力，时时勉励自己向上、向前。这是成功的关键。

我们不能改变世界，但是可以改变自己。在成长过程中，我们会不断积累成功的经验和失败的教训，或提高现实的自我水平，或降低理想的自我标准，逐渐调整、完善对自我的认识。只有在这个过程中，我们才开始真正具备客观评价自我的能力，会从中获得稳定的自信心，理想自我和现实自我逐渐趋于统一，自我发展逐渐走向成熟，向自己所希望的方向努力。

二、自我管理

（一）控制情绪

1. 有害的消极情绪

情绪有两种：消极的和积极的。我们的生活离不开情绪，它是我们对外面的世界正常的心理反应，我们决不能让自己成为情绪的奴隶，不能让那些消极的心境左右我们的生活。

小贴士

看看你有没有这样的问题？自我意识的心理困扰：

扭曲的自尊——虚荣。
消极的自觉——自卑。
退缩的自主——从众。
变态的自立——逆反。
极端的自信——自负。
放纵的自我——任性。

消极情绪对我们的健康十分有害，科学家们已经发现，经常发怒和充满敌意的人很可能患有心脏病。哈佛大学曾调查了1600名心脏病患者，发现他们中经常焦虑、抑郁、脾气暴躁者比普通人高三倍。又如，人在痛苦时会产生胃黏膜变白，胃酸停止分泌，可以引起消化不良，进而因饮食不好、身体虚弱、抵抗力差而导致疾病入侵。而人在愤怒时，容易产生胃黏膜充血，胃酸分泌过多，导致胃溃疡。可见，不良情绪会影响人的身体健康。

> **事例**
>
> 在法庭上，律师拿出一封信，问洛克菲勒（美孚石油公司创办人）："先生，你收到我寄给你的信了吗？你回信了吗？"
>
> "收到了！"洛克菲勒回答他，"没有回信！"
>
> 律师又拿出二十几封信，一一地询问洛克菲勒，而洛克菲勒都以相同的表情，一一给予相同的回答。
>
> 律师控制不住自己的情绪，暴跳如雷，不断咒骂。最后，法庭宣布洛克菲勒胜诉，因为律师因情绪的失控让自己乱了章法。

【评析】生活中，在沟通时面对不同的环境、不同的对手，保持好自己的情绪是至关重要的。自古以来，评价人的标准，只看一个人的涵养和行事的风格，就可以判断他是否可以成为可塑之才，是否有大将之风。因此，要成为成功的人，除了常识与能力之外，还在于其能否将情绪操控得当。情绪处理得好，可以将阻力化为助力，有助于解危化险。情绪若处理得不好，便容易被激怒，产生一些非理性的言行举止，轻则误事受挫，重则违法乱纪。

2. 如何控制情绪

> **事例**
>
> 一天，美国前陆军部长斯坦顿来到林肯那里，气呼呼地说一位少将用侮辱的话指责他偏袒一些人。林肯建议斯坦顿写一封内容尖刻的信回敬那个人。
>
> "你可以狠狠地骂他一顿。"林肯说。斯坦顿立刻写了一封措辞强烈的信，然后拿给总统看。
>
> "对了，对了。"林肯高声叫好，"我要的就是这个！好好教训他一顿，真写绝了，斯坦顿。"
>
> 但是当斯坦顿把信叠好装进信封里时，林肯却叫住他，问道："你干什么？"
>
> "寄出去呀。"斯坦顿有些摸不着头脑了。
>
> "不要胡闹。"林肯大声说，"这封信不能发，快把它扔到炉子里去。凡是生气时写的信，我都是这么处理的。这封信写得好，写的时候你已经解了气，现在感觉好多了吧？那么就请你把它烧掉，再写第二封信吧。"

【评析】冲动是魔鬼，在冲动下难免会犯错误。要妥善地控制自己的情绪，不要让自己的情绪像一匹脱缰的野马。控制不住情绪，那将带来一系列的不良后果。掌握适合自己的方法去将消极的情绪驱赶掉,是每个成功人士都应具备的心理能力。

当一个人被消极的情绪困扰时,应当设法克服它,否则会影响自己的身心健康,产生疾病。如果情绪上所受到的抑制太多,甚至还会发展成为不良的性格。寻找合适自己的自我控制方法,调节好自我情绪,使自己时常处于良好情绪的状态之中,可以使自己的生活更加美好,身心更加愉快。

课堂活动

每人说一条自己认为最有效的消除消极情绪的方法(或每人写一张纸条,然后收集上来,随意抽取,让被叫到的学生进行解释),最后由教师总结归纳。

---

(1) 转移情绪　人生的道路崎岖不平,难免有挫折和失误,也少不了烦恼和苦闷。此时此刻,应迅速把注意力转移到其他方面。例如,碰到不顺心的事情或与人发生争吵,不妨暂时离开一下现场,换个环境,或者同朋友聊天,或者参加一些文体活动,打球、唱歌均可。这样很快就会把原来的不良情绪冲淡以至赶走,而重新恢复心情的平静和稳定。

(2) 向人倾诉　心情不快却闷着不说会闷出病来,有了苦闷应学会向人倾诉。首先可以向朋友倾诉,这就需要先学会广交朋友。如果经常防范他人而不交朋友,不仅遇到难事无人相助,也无法找到可以一吐为快的对象。能把心中的苦处和盘倒给知心人并能得到安慰的人,心胸自然会像打开的一扇门一样开阔。除此之外,还可以向亲人倾诉,学会把心中的委屈和不快倾诉给他们,也会使心境由阴转晴。

(3) 拓宽兴趣　兴趣是保护良好的心理状态的重要条件。人的兴趣越广泛,适应能力就越强,心理压力就越小。当人苦恼时,兴趣广泛的人可以投入到自己的爱好中,不被坏情绪左右,而没有兴趣的人却只能沉浸在自怨自艾中不能自拔。总之,兴趣越广泛,生活越丰富、越充实、越有活力,就越会觉得生活中处处充满阳光。

(4) 宽以待人　人与人之间总免不了有这样或那样的矛盾。同事之间、朋友之间也难免有争吵、纠葛。只要不是大的原则问题,应该学会宽容之道。绝不能有理不让人,无理争三分,更不要为一些鸡毛蒜皮的小事争得脸红脖子粗,甚至拳脚相加,伤了和气。应该有那种"何事纷争一角墙,让他几尺也无妨,长城万里今犹在,不见当年秦始皇"的博大胸怀和高风亮节。

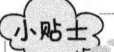

生气是一种态度,是一种选择,全在于你愿不愿意,与别人无关。送你12个字:缓一缓,再生气;想一想,再行动。

(二) 慎独

"慎独"是我国古代儒家创造出来的具有我国民族特色的自我修身方法。它最先见于《礼记·中庸》:"道也者,不可须臾离也,可离,非道也。是故君子戒慎乎其所不睹,恐惧乎其所不闻。莫见乎隐，莫显乎微。故君子慎其独也。"用现代的话解释就是强调在没有外在监督的情况下始终不渝地、更加小心地坚持自己的道德信念，自觉地按道德要求行事，不会由于无人监督而肆意妄行。

西方的贤哲是如何认识慎独的呢？古希腊哲学家德谟克利特说："要当心，即使你独自一人时，也不要说坏话、做坏事，而要学得在你自己面前比别人面前更知耻。"可见，在自尊、自重、慎独方面，东、西方文化有相同之处。现实生活中的慎独，其实就是一种自我约束——对自我行为的约束。

事例

1925年，年仅23岁的鲍比·琼斯（Bobby Jones）冲击美国公开赛冠军，他凭借自己的高尔夫球天赋和精湛的技艺，一路闯关，进入决赛。在第三轮的比赛中，他和对手竞争非常激烈，比分相差无几，胜负也就是在一两杆之内。然而在第11洞，这是一个4杆洞，鲍比开球将球击到球道旁的长草里，但第二杆他凭借出色的技艺将球从长草里直接打到果岭上，然后两个推杆将球入洞，记分员顺理成章地把他这个洞的成绩记为Par。然而鲍比却跟记分员说，在长草里做击球准备动作的时候他不小心碰到了球，球稍微挪动了一下，虽然没有任何人注意到，但根据比赛规则要罚一杆，所以他这洞的成绩是5杆而不是4杆。比赛的最终结果是他仅仅以一杆之差和冠军失之交臂。

鲍比的这个行为在比赛之后被媒体大加赞扬，听到四周如潮的表扬声，他却淡淡地说了一句话，"如果这种事情也值得赞扬的话，那么每个路过银行而没有进去抢劫的人都值得被赞扬。"

【评析】 这个小故事就是一个"君子慎独"的最好例子，有人曾经说过，高尔夫球场是检验一个人道德水准的好地方。如果一个球手在认为没有人知晓的情况下，弄虚作假、任意挪球、谎报杆数、不尊重对手等，那么在生活中他肯定也不是一个正直诚恳和值得信赖的人。

思考： 你能看懂上面这个故事吗？请用自己的语言复述给同学听。

事例

卫国的国君卫灵公一天晚上和妻子夜坐，听到车声辚辚，由远及近，到宫门而止（按古礼，臣下乘车过宫门应下车步行并减慢车速），过了宫门又响了起来。卫灵公问妻子："不知道是谁经过？"夫人答道："这一定是蘧伯玉。"卫灵公问："你怎么知道是他？"夫人回答说："蘧伯玉是卫国的贤大夫，此人仁而有智，对上恭敬，他必定不会因为暗中无人而废礼，所以我料定是他。"卫灵公出外叫人去打听，果然是蘧伯玉。但卫灵公回到屋里却瞒着夫人说："偏偏不是蘧伯玉。"夫人一听，便向卫灵公表示祝贺。卫灵公莫名其妙地问道："夫人为什么要向我祝贺啊？"夫人答道："我原以为卫国只有一个蘧伯玉，现在却又多了一个和他一样的人，国多贤臣，国之幸也。所以我要向您表示祝贺。"卫灵公叹道："妙极！"就将实话告诉了妻子。

【评析】由此可以看出，蘧伯玉不因无人在侧就放松对自己的要求，做到了"慎独"，而卫灵公的夫人通过这件小事表现出她明于知人又深明大义。生死关头虽然能看出人的真品性，但人的一生能遇到几次生死关头呢？所以做人、识人要善于从细节入手，于细微处见真精神。

慎独是一盏明灯，可帮人照亮前行之路，明辨是非曲直；慎独是一剂良药，可使人内心清朗，精神昂然。在与人沟通的时候，要用慎独警示自己，鞭策自己，踏实做事，坦荡为人，做一个道德高尚的人，它会使一个人更具人格魅力和威严。

（三）自我激励

1. 自我激励的作用

研究发现：一个没有受到激励的人，仅能发挥其能力的20%～30%，而当他受到激励时能力的发挥会达到80%～90%，即一个人在通过充分的激励后，所发挥的作用相当于激励前的3～4倍。每一个人的内心都存在着需要被激励的欲望，只有激励才能激起他的激情和热情。因此，如果一个人在其他条件都具备的情况下，又善于自我激励，那么他的成功率就会高很多。

1991年，一个名叫Campbell的女子徒步穿越非洲，不但战胜了森林和沙漠，更通过了400英里的旷地。当有人问她为什么能做到令人难以想象的壮举时，她回答："因为我说过我能。"问她向谁说过这句话，她的回答是："向自己说过。"人生的旅途就像马拉松赛跑，一路上虽然有人为我们喝彩、鼓掌、加油，但这些都只是外在因素，真正的力量来自自我，来自内心。一个自信、有力量的人在沟通中是强势的，是魅力四射的。

> 事例
>
> **他们也曾经自卑**
>
> 十几年前，他从一个仅有20多万人口的北方小城考进了北京的大学，上学第一天，与他邻桌的女同学第一句话就问他："你从哪里来？"而这个问题正是他最忌

讳的，因为在他的逻辑里，出生于小城，就意味着小家子气，没见过世面，肯定被那些来自大城市的同学瞧不起。

就因为这个女同学的问话，使他一个学期都不敢和同班的女同学说话，以至于第一学期结束的时候，很多同班的女同学都不认识他。很长一段时间，自卑的阴影都占据着他的心灵，最明显的体现就是每次照相，他都要下意识地戴上一个墨镜，以掩饰自己的内心。

20年前，她也在北京的一所大学里上学。大部分日子，她也都在疑心、自卑中度过，她疑心同学们会在暗地里嘲笑她，嫌她肥胖的样子太难看。

她不敢穿裙子，不敢上体育课，大学时期结束的时候，她差点毕不了业，不是因为功课太差，而是因为她不敢参加体育长跑测试。老师说："只要你跑了，不管多慢，都算你及格。"可她就是不跑，她想跟老师解释，她不是在抗拒，而是因为恐慌，恐惧自己肥胖的身体跑起步来一定非常愚笨，一定会遭到同学们的嘲笑。可是她连向老师解释的勇气都没有，茫然不知所措，只能傻乎乎地跟着老师走，老师回家做饭了，她也跟着，最后老师烦了，勉强算她及格。

一个电视晚会上，她对他说："要是那时候我们是同学，可能是永远不会说话的两个人，你会认为，人家是北京城里的姑娘，怎么瞧得起我呢？而我则会想，人家长得那么帅，怎么会瞧得上我呢？"

他，现在是中央电视台著名节目的主持人，经常对着全国几亿电视观众侃侃而谈，他主持的节目给人最深的印象就是从容自信，他的名字叫白岩松。

她，现在也是中央电视台著名节目主持人，而且是第一个完全依靠才气而丝毫没有凭借外貌走上中央电视台主持人岗位的，她的名字叫张越。

原来是他们，原来他们也会自卑，原来自卑是可以彻底摆脱的。

【评析】 如果他们无法摆脱当年的自卑，就不可能有今日的成就。由此可见，自我激励就是激发自信心，激发渴望，给自己一个动力，它能让你看见一个完全不同的你。

2. 如何自我激励

伦敦大学的罗博·博哈利博士在教智障孩子学习时说："想一个你认识的很聪明的人，然后闭上双眼，想象你就是那个聪明人。"接下来的测试结果，孩子们的分数显著提高。为什么会如此神奇呢？因为你如果调动了全部身心，投入到非常生动的想象中去，你大脑的潜意识便分辨不出什么是现实，什么是想象。然后大脑就会按照你在想象时创造的记忆线路，自动下达行动指令，引导你走向自己强烈设想的情境。也就是说，只要你可以做到自我激励，那么你的生理和心理就可以引导你达到预想的目标。

> **课堂活动**
>
> 1. 请每个同学说出自己的一次成功经历。
> 2. 请每个同学清晰嘹亮地向全体同学宣读一句激励自己的话。

事例

白纸黑点与黑纸白点

在一所寄宿制中学里,一位老师走进了教室。他先拿出一张画有一个黑点的白纸,问学生:"孩子们,你们看到了什么?"学生们盯住黑点,齐声喊道:"一个黑点。"老师非常沮丧。"难道你们谁也没有看到这张白纸吗?眼光集中在黑点上,黑点会越来越大。生活中你们可不要这样啊!"老师教导着他的学生。教室里鸦雀无声。老师又拿出一张黑纸,中间有一个白点。他问他的学生:"孩子们,你们又看到了什么?"学生们齐声回答:"一个白点。"老师高兴地笑了:"孩子们太好了,无限美好的未来在等着你们。"

老师关于"白纸黑点与黑纸白点"的谆谆教诲,一直深深印在当时的一个学生、后曾任联合国秘书长科菲·安南的心田里。所以,在他任职期间,安南从伊拉克战争的乌云密布、一触即发中,看见了这个"白点"——一线和平的曙光。

【评析】这位教师关于"白纸黑点"与"黑纸白点"的教诲,意义是深刻的。他告诉了人们应该怎样对待生活。其实,生活本身就是一种选择,你决定选择幸福,你就可以找到幸福的理由;如果你选择快乐,那么你一定也能找到快乐的地方。因为,即使事情再糟糕,你也可以从中找到值得庆幸的理由,就像黑纸上的白点,让你看到生活的希望。而对一个消极的人来说,即使事情再好,他也会瞄准事情不好的一面。就像白纸上的黑点,让你只看到生活一片黑暗,依然找不到生活的乐趣。在黑暗中看见光明一如我们在逆境中自我激励。

小贴士

简单易行的自我激励的方法有:
1. 列出自己的10大优点,细心思考,不要过分谦虚;如果你连自己的10项优点都不能说出来,那你就不要说更大的成功了。
2. 留意自己的语言,将消极的字眼从自己的语言习惯中删除出去。
3. 订立清楚的个人目标。
4. 每天给自己说一些打气的话。你把自己想象成什么人,你就真的会成为什么人。
5. 每一天早上起来,都想象一下个人目标实现时的光明前景。
6. 以运动给自己充电,保持健康的生活方式。
7. 多与积极向上的朋友沟通,交流正面信息。
8. 有机会做志愿者,反省自己身在福中,保留一颗感恩的心。
9. 留心听一首励志歌曲,细心体会歌词大意。
10. 留给自己静思的时间,思考自己的信仰与人生。

课后拓展

（一）了解他人对"我"的评价

1. 请父母评价"我"的优缺点。
2. 请老师评价"我"的优缺点。
3. 请朋友评价"我"的优缺点。
4. 整理以上内容，与"自我反省"对照，看看有何不同？

（二）情商 ABC

阅读下面的小故事，体会管理情绪的重要性。

1. 一直很喜欢《阿甘正传》中那位智商只有 75 的阿甘，也记得他常说的那句话："妈妈告诉我，人生就像一盒巧克力，你永远不知道下一颗是什么味道。"因此，阿甘遭受挫折后总是能很快地振作起来，重新迎接生活的挑战。回想一下捕虾公司的成功，面对一次次捕捞上来的废弃杂物，面对惊涛骇浪和暴风骤雨，阿甘丝毫没有泄气，他坚持着，取得了最后的成功。其实，这就是因为阿甘把困难当成了巧克力中较苦的味道，他相信还会有甜的在等着他。

2. 一个富有的台湾医生，给独生儿子从小设计了美好的人生蓝图：受最好的教育，当第一流的医生。儿子很听话，按照父亲的设计生活，进了最好的医学院。一切本可以非常美好地继续下去，可儿子在服兵役的时候，竟然不幸在军营身亡。身亡的原因只是一次小小的口角。换了别人，这本不是什么大事。可医生的儿子偏偏眼睛专盯着这种小事，忘记了自己的远大前程和美好人生，他一时隐忍不下，愤然举枪自尽。无法释怀，让再好的外部条件和环境都化为乌有。

3. 一个运气糟糕的水管工被一个农场主雇来安装农舍的水管。那一天，水管工先是因车子的轮胎爆裂耽误了一个小时，接着电钻坏了，最后开来的那辆老爷车也动不了了。他收工后，雇主开车把他送回家去。到了家门口，满脸沮丧的水管工没有马上进去，轻轻抚摸着门旁一棵小树的枝丫。待到门打开时，水管工笑逐颜开地拥抱两个孩子，再给迎上来的妻子一个响亮的吻。在家里，水管工愉快地招待了这位新朋友。雇主按捺不住好奇心，问："刚才你在门口的动作，有什么用意吗？"水管工爽快地回答："有，这是我的'烦恼树'。我在外头工作，烦心的事情总是有的，可是烦恼不能带进家门，不能带给妻子和孩子，于是我就把它们挂在树上，让老天爷管着，第二天出门再拿。奇怪的是，第二天我到树前去，'烦恼'大半都不见了。"确实，我们每个人都该有一棵自己的"烦恼树"，它可以是无形的，也可以是有形的，它可以是日记本上的宣泄，也可以是内心的自我化解，甚至哪怕只是一个关切的眼神和一个温暖的微笑。

(三) 箴言欣赏

下列有关自我的箴言，你欣赏哪句？为什么？

1. 爱是四季常熟的果子，人人皆可采撷。

2. 记住：未经你的同意，任何人都不能令你自卑。

3. 最好的朋友就像一株四片叶子的三叶草，找到不易，拥有是福。

4. 你既可以成为梦想家也可以成为实践家，只要将一个词从你的词典里删去："不可能"。

5. 不去爱就像走进沙漠寻死，而不会爱就像在沙漠里生活却没带水。

6. 栽一棵树的最佳时间是20年前，其次就是现在。

7. 有些我们很想听的话永远不会出自我们期待的人口中，然而对于由衷地说这些话的人，我们却不能视而不见。

8. 你不会因为变老而停止欢笑，但却会因停止欢笑而变老。

9. 夸耀自己聪明的聪明人就像夸耀自己牢房大的囚犯。

10. 失败只是暂时停止成功，只是绕了点弯，而不是钻进了死胡同。

(四) 测一测

下面是一个有关性格类型的简略自评测验，请根据自己的实际情况，在每个问题后面的答案中选择"是"或"否"。不存在正确与错误的问题，看懂之后尽快回答，不必花很多时间去想。

1. 你是否比较活跃？（是，否）
2. 你是否健谈？（是，否）
3. 你有许多朋友吗？（是，否）
4. 你是否喜欢对朋友讲笑话或有趣的故事？（是，否）
5. 新交朋友时一般是你采取主动吗？（是，否）
6. 你是否经常参加社交活动，超过你所允许的时间？（是，否）
7. 你认为自己是个乐天派吗？（是，否）
8. 你喜欢忙忙碌碌和热热闹闹地过日子吗？（是，否）
9. 你有许多不同的业余爱好吗？（是，否）
10. 其他人认为你是生机勃勃的吗？（是，否）

解释：

每题问答"是"记1分，回答"否"不记分。计算出全部题目所得分值。

得 1~3 分者为内倾型,特征是喜欢安静,富于内省;不好交际,除了亲密朋友之外,对一般人保持距离;不喜欢刺激,做事有计划,生活有规律;很少有攻击性,情绪容易控制。

得 4~7 分者为中间型。

得 8~10 分者为外倾型,特征是喜欢交际,有许多朋友;渴望刺激和冒险,容易冲动;乐观、随和、好动、粗心大意;富于攻击性,情绪不易控制。

第三章　沟通的自身因素

一、心态调整

人与人交往沟通的过程就是思想与思想的沟通。思想的沟通其实有两个层面：自我沟通和对外沟通。如果自我沟通都不能够顺利进行，对外沟通就更难以有效达到预期目标。首先来看什么是自我沟通，自我沟通的品质决定一个人思考的品质和思想的水平。不少心理学专家发现，成功的秘密就是人的"心态"。一位哲人说："你的心态就是你真正的主人。"一位伟人说："要么你去驾驭生命，要么是生命驾驭你。你的心态决定谁是坐骑，谁是骑师。"心态也是受以下几个因素影响的。

（一）自信心

先判断一下你是否自信：

1）你能在任何场合、面对任何人都不犯怵吗？
2）你能自信地表达自己的感受和想法吗？
3）你能恰当地处理同学、老师或家长对你的批评吗？
4）你能对付那些难缠的人吗？
5）你能自信地与异性建立关系吗？
6）你能处理自己的愤怒并恰当处理其他人对你的愤怒吗？

在职场、商场、家庭、学校、社区、社会等场合，需要自信表达的情况是无处不在的，如果在上述场合下你还不能自如地与人沟通，那么首先就应当学习如何自信。

> **事例**
>
> 蜚声世界影坛的意大利著名电影明星索菲亚·罗兰之所以能够成为令世人瞩目的超级影星，是和她对自己价值肯定以及她的自信心分不开的。
>
> 为了生存，以及对电影事业的热爱，16岁的罗兰来到了罗马，想在这里涉足

电影界。没想到，第一次试镜就失败了，所有的摄影师都说她够不上美人标准。没办法，导演卡洛·庞蒂只好把她叫到办公室，建议她把鼻子缩短一点儿。一般情况下，许多演员都对导演言听计从。可是，小小年纪的罗兰却非常有勇气和主见，她拒绝了对方的要求。她说："我当然懂得我的外形和已经成名的那些女演员颇有不同，她们都相貌出众、五官端正，而我却不是这样。我的脸毛病太多，但这些毛病加在一起反而会更有魅力呢。如果我的鼻子上有一个肿块，我会毫不犹豫把它除掉。但是，说我的鼻子太长，那是没有道理的，因为我知道，鼻子是脸的主要部分，它使脸具有特点。我喜欢我的鼻子和脸的本来的样子。说实在的，我的脸确实与众不同，但是我为什么要长得跟其他人一样呢？我要保持我的本色，我什么也不愿改变。"

【评析】罗兰没有对导演的话言听计从，没有为迎合他人而放弃自己的个性，没有因为他人而丧失信心，所以她才得以在电影中充分展示她的与众不同的美。她的独特外貌和热情、开朗、奔放的气质逐渐得到人们的认可，后来她荣获了奥斯卡最佳女演员奖。正是由于罗兰对自己的自信，使她敢于与导演沟通，表述自己的看法和观点，才使导演重新审视，并真正认识了索菲亚·罗兰，开始欣赏她。

有很多思维敏捷、天资聪颖的人，无法发挥他们的长处去参与沟通，并不是他们不想参与，而只是因为他们缺少信心。如果自己都觉得自己"不行"，那么如何让对方赏识你，与你继续沟通下去呢？

胆小害羞的人往往因为胆怯而不敢与人沟通，结果朋友圈子很小，变得越来越孤僻、退缩。胆小退缩的人很少与人沟通，并不是他们自恃清高，恰恰相反，他们往往认为自己是不可爱的，不受欢迎的，其他人不愿与自己沟通。如果他们形成了这样消极的自我概念，即对自我的一种稳定的认识，那他们在行动上就会有意无意地表现得让人很难接近，很难沟通。

但当你认为自己是可爱的，被他人所接受的时候，你就会表现得自信。自信的人往往是可爱的，人们往往愿意与之沟通，而沟通的人越多，就越会增加他们的自信，从而在其他人面前就不那么胆怯退缩了。所以，培养自信心是非常重要的，它会让你在与人沟通的过程中受益无穷。

在沟通过程中，当你的心态积极起来，一种美好的人生感觉就会在你心中慢慢升起，信心也会慢慢增强，同时你的目标感也会越来越强烈。这样，你对其他人的吸引力也会一步步增强，因为人们总是喜欢与积极乐观的人打交道。

| 课堂活动 |

自信你我接。

游戏规则：按照一定的顺序，每个同学轮流说出自己的优点，10秒内说不出者将被淘汰，在他后面的那位同学接上。经过一轮轮的淘汰决出优胜者。

目标：找到自己的优点，在表述过程中看看谁最自信。

自信是沟通的灵魂，是所有成功者身上都具备的共性。一个人，倘若连自己都不喜欢自己，不接受自己，如何能让其他人喜欢你？拿破仑说："我成功，是因为我志在成功。"上帝只帮助那些能够自救的人，自信的人才是富有魅力和感染力的人，也更容易与人沟通。

自信的沟通模式和方法：
1. 准确地描述情况。
2. 清晰地表达感受。
3. 明确指出你要得到或完成什么。
4. 解释积极行动的结果。

（二）包容心

一个人成功之前，必须学会与人沟通，否则无法得到他人的帮助。有一颗包容心，并不是无原则地忍气吞声，逆来顺受。包容是一种有益的生活态度，是一种君子之风。学会包容，就会善于发现事物的美好，感受生活的美丽。

人类不能离群独居。在共同生活的社会中，我们每天都会接触各式各样的人、事、物。如果想使大家活得更好，就一定要有包容心。每个人的个性、特质虽然不同，却都有其存在的价值，也都有改善人类生活的能力。如果每个人都能充分发挥自己的特质，人类生活的品质一定可以提升。所以，我们不应该以自己的标准衡量一切，应该多为他人着想，凡事忍让，尊重他人存在的价值，彼此和睦相处。唯有如此，个人的智慧、潜能，才能得到充分的发挥，人类的生活才会越来越好。

事例

陶行知先生的四块糖果

陶行知先生当校长的时候，有一天，看到一位男生用砖头砸同学，便将其制止并叫他到校长办公室去。当陶校长回到办公室时，男孩已经等在那里了。

陶行知掏出一颗糖给这位同学："这是奖励你的，因为你比我先到办公室。"接着他又掏出一颗糖，说："这也是给你的，我不让你打同学，你立即住手了，说明你尊重我。"

男孩将信将疑地接过第二颗糖，陶先生又说道："据我了解，你打同学是因为他欺负女生，说明你很有正义感，我再奖励你一颗糖。"

这时，男孩感动得哭了，说："校长，我错了，同学再不对，我也不能采取这种方式。"陶先生于是又掏出一颗糖："你已认错了，我再奖励你一块。我的糖发完了，我们的谈话也结束了。"

【评析】老师柔和亲切的态度，使孩子获得了愉悦的感受，而孩子们也正是在这种宽容、谅解的氛围里，才消除了抵触心理，获得理解、尊重，从而接受了教师的正面教育。在这种和谐的氛围中沟通，还会有什么障碍呢？

世界是多元的，所以每个人的成长背景、性格、人生经验、受教育程度、文化水平、价值观念是不同的，这就导致对同一信息的阅读有不同的理解。生活中我们常常对自己的错误不自觉，却对他人的小小过失不肯原谅，大声指责，朋友之间甚至会因为一些不足挂齿的小事反目成仇。事实上，揭发别人的过错并加以指责，不但很难达到劝人改过的效果，反而会使彼此的沟通受到挫折，两败俱伤，没有真正的赢家。但若能相互包容，两人反而会互有所得。

事例

有人批评美国前总统林肯对待政敌的态度："你为什么试图让他们变成朋友呢？你应该想办法打击他们，消灭他们才对。"

"我们难道不是在消灭政敌吗？当我们成为朋友时，政敌就不存在了。"林肯总统温和地说。这就是林肯总统消灭政敌的方法，将敌人变成朋友。

林肯，曾两度被选为美国总统。今天在以他的名字命名的纪念馆的墙壁上刻着这样的一段话："对任何人不怀恶意；对一切人宽大仁爱；坚持正义，因为上帝使我们懂得正义；让我们继续努力去完成我们正在从事的事业；包扎我们国家的伤口。"

【评析】林肯总统的话一语中的，多一些宽容，公开的对手或许就是我们潜在的朋友。多一些宽容，多一些爱心，人们的生活中就会多一些友谊、多一些温暖、多一些阳光。

如果我们都能怀着一颗包容的心，以诚恳、慷慨、善良，代替算计、仇恨、报复，驱散愤恨、贪念、嫉妒，就一定会收到两全其美的效果。包容是舍小取大，是理智战胜情绪、友情替代怨恨，是一种智慧的表现。

（三）助人为乐

> **课堂活动**
>
> 请找出下列公司招聘要求的共同点。用人单位看重员工的什么品质和能力？
>
> 1. 某首饰有限公司
>
> 1）主动性强、条理清晰、工作效率高、善于沟通与协调、助人为乐。
>
> 2）较强的工作承受力和责任心，适应差旅之劳苦。
>
> 3）较好的统筹、解决问题的能力。
>
> 4）具有良好的团队协作能力。
>
> 5）男女不限，要求有黄金珠宝相关工作经验三年以上，一经公司正式录用，享受社保五险，各岗位的具体工资待遇面谈。
>
> 2. 某保险公司客服人员
>
> 大专以上学历，一年以上工作经验，有亲和力，善于与人沟通，有助人为乐的爱心，信念坚定。
>
> 3. 某儿童摄影机构店面负责人
>
> 具有强烈的敬业精神和助人为乐的品德，积极主动，责任心强；沟通能力强，具备良好的服务意识；能熟练使用各种办公软件，拥有很强的管理能力。
>
> 4. 某国有企业计算机部门
>
> 具有较强的专业理论知识；基础扎实且广泛，能在专业领域提出自己的独到见解；为人诚信开朗，勤奋务实，有较强的适应能力和协调能力；团队合作精神强，责任感强，热爱集体，善于与人沟通，助人为乐，能恪守以大局为重的原则，愿意服从集体利益的需要，具备奉献精神。

为什么助人为乐如此重要？传统意义上我们把饱读诗书、博学多才之人称为人才，而现代竞争社会对人才有了新的认识与界定，其中与人沟通的能力也成为人才的一个基本标志。沟通看似简单，但如何有效地沟通，让对方心悦诚服，双方达成共识非常关键。沟通的关键不是沟通的内容，而是如何采用可以让对方接受的方式。沟通的前提是具有善良坦诚的胸怀，那是正直善良的人怀着道德义务感，主动去给他人以无私的帮助，并从中感到幸福愉快的一种行为和情感。

助人为乐的思想早在古代就产生了。孔子提出的"仁爱"，墨家主张的"兼相爱，交相利"以及"乐善好施"的伦理思想和原则，都包含有助人为乐的意思。近代资产阶级提出的"博爱"口号，也有助人为乐的成分。在现代社会，"我为人人，人人为我"成为现代人的理念，你快乐，我快乐，真诚相帮，人人快乐。只要我们真诚地对待生活中的人和事，他们也终将还我们一份真诚，从而实现真正意义上的沟通无障碍。

二、个人魅力

沟通的双方都是有思维的人。一方是自己,另一方是沟通的对象,即个体或者群体。在沟通行为中,自己是主角,自己的人品、修养、学识、地位、社会关系等非常重要。同时,适当的语气、词汇、肢体、表情、时机也同样重要。这些因素的差异以及交往个体能否巧妙灵活地运用这些因素,会直接影响到一个人的魅力,影响沟通的程度和效果。老子曰:知人者智,自知者明。如果我们在沟通中注意扬长避短,既体现自己的个性,又把握住分寸,就会达到较高的沟通层次。

课堂活动

替身。

目的:锻炼学生的语言表述能力,以及在沟通中角色扮演的模仿能力。

方法:

1. 要求学生担任某人的替身,当谁的替身由自己决定,但不能让其他人知道。

2. 一旦决定做谁的替身,就要用替身的身份说话,发表意见,并模仿其言行举止,突出其生理或行为上的特点。

3. 让其他学生猜猜所模仿的这个人是谁,然后由模仿者告诉大家其真实姓名,并简要说明自己模仿他的原因。

讨论:选出最佳模仿者,并总结其模仿的人的性格特点及个人魅力。

(一) 气质

沟通的初始,一般就是看人。气质是习惯性的,所以看人一眼,就能产生对对方的第一印象,就能决定自己是否愿意与对方沟通。有人说,好人脸上写有"好"字,杀人犯脸上写有"凶"字,这是人们对气质感性的认识。所谓气质,是指人的生理、心理等素质,是相当稳定的个性特点。

在心理学中,气质的类型有四种:

(1) 多血质　表现为活泼、好动、敏感、反应迅速、喜欢与人交往、注意力容易转移、兴趣容易变换等。

(2) 胆汁质　表现为直率、热情、精力旺盛、情绪易于冲动、心境变换剧烈等。

(3) 黏液质　表现为安静、稳重、反应缓慢、沉默寡言、情绪不易外露、注意稳定但又难于转移、善于忍耐等。

(4) 抑郁质　表现为孤僻、行动迟缓、体验深刻、善于觉察其他人不易觉察到的细小事物等。

现实中只有少数人是这四种气质类型的典型代表，大部分人是介于各种类型之间的中间类型或者叫作混合型。气质不能决定一个人活动的社会价值和成就的高低。据研究，俄国的四位著名作家就是四种气质的代表，普希金具有明显的胆汁质特征，赫尔岑具有多血质的特征，克雷洛夫属于黏液质，而果戈理属于抑郁质。类型各不相同，却并不影响他们同样在文学上取得杰出的成就。

> **事例**
>
> 　　据说古罗马有一位皇帝，常派人观察那些第二天就要被送上竞技场与猛兽空手搏斗的死刑犯，看他们在等死的前一夜，是怎样的表现。如果发现栖栖惶惶的犯人中居然有能够呼呼大睡、面不改色的人，便在第二天早上偷偷将他释放，训练成带军的猛将。
> 　　相传中国也有一位皇帝，总在接见新进的臣子时，故意叫他们在外面等待，迟迟不予理睬，再偷偷看这些人的表现，并对那悠然自若、毫无焦躁之容的臣子刮目相看。
> 　　甚至那些养鸟的行家，在选鸟的时候，都会故意去惊吓它，绝不选取那些稍受一点儿惊就扑扑拍翅、乱成一团的鸟。
> 　　美国前总统约翰·肯尼迪的父亲，为了让儿子见识常新，曾经专程带着他飞到巴黎去参加一个交际盛会。因为他不仅要求孩子有良好的餐桌礼貌、懂得如何与人寒暄，更希望他有风采、有气质。所以有人说：老肯尼迪是从孩子小的时候，就训练他做总统的。

【评析】通过这些例子可以得知：一个人的风采、气度，甚至领袖气质、大将风范，常可以由小动作中表现出来。气质，除了天生的因素之外，更要靠自我的训练与充实，它很抽象而难以把握，却可能是一个人成功的要件。

气质美看似无形，实为有形。一个人的气质是指一个人内在涵养或修养的外在体现。气质是内在的不自觉的外露，而不仅是表面功夫。如果胸无点墨，只凭华丽的衣服装饰，这不能称为气质。如果想要提升自己的气质，做到气质出众，除了穿着得体，说话有分寸之外，还要不断提高自己的知识、品德修养，一个人的阅历、学识、对自己的了解程度都会对气质有一定的影响。

气质美还表现在性格上。这就涉及平素的修养。要忌怒忌狂，能忍辱谦让，关怀体贴他人。忍让并非沉默，更不是逆来顺受，毫无主见。相反，开朗的性格往往透露出大气凛然的风度，更易表现出内心的情感。而富有感情的人，在气质上当然更添风采。

（二）性格

我们对待生活问题的态度往往有规律可循，归根结底是一个人的性格决定了其行为处世的方式，如果你清楚自己的性格，便可以因势利导，不必再扭曲个性；如果你摸清了别人的性格，你就能愉快地与人相处，不会产生太多的摩擦，也不会费尽心机去试图改变对方。《哈姆雷特》中说："人是多么了不起的一个作品。"我们必须记得：人是永远独一无二的。

课堂活动

1. 看看你是哪个人

从前有四个死刑犯，在临刑的那一天，断头台突然坏掉了。第一个人说："太好喽，不用死，大家明天开个 Party 庆祝一下！"第二个人说："我要研究一下这个断头台哪里坏了。"第三个人说："我早就跟你说过我没罪！"第四个人说："大家都没事就好！"

第一个人是活泼型：热情待人，热切表达自己的想法，容易吸引其他人的注意。

第二个人是完美型：工作忙乱时可以细微地观察，思维缜密，有始终如一的处事目标，任何事都做得有条不紊。

第三个人是力量型：在工作中能够迅速做出抉择，尽快完成工作，有强烈的控制力和权威感。

第四个人是和平型：能够耐心地忍受惹事者，平静地聆听别人说话。具有天赋的协调能力，可以把相反的力量融合。有安慰受伤者的同情心，在周围所有人都惶恐不安时，仍保持头脑冷静。

2. 想一想

《西游记》里的师徒四人分别是什么性格？这四种性格的缺点是什么？请讨论并总结。

参考答案

四种性格的优缺点如下。

唐僧属于完美型的。

优点：做事讲求条理，善于分析。

弱点：属于完美主义，过于苛刻。

反感：盲目行事。

追求：精细准确，一丝不苟。

担心：批评与非议。

孙悟空属于力量型的。

优点：善于管理，主动积极。

弱点：缺乏耐心，感觉迟钝。

反感：优柔寡断。

追求：工作效率，支配地位。

担心：被驱动，强迫。

动机：获胜，成功。

猪八戒属于活泼型的。

优点：善于劝导，看重与他人的关系。

弱点：缺乏条理，粗心大意。

反感：循规蹈矩。

追求：广受欢迎与喝彩。

担心：失去声望。

动机：他人的认同。

沙僧属于和平型的。

优点：恪尽职守，善于倾听。

弱点：过于敏感，缺乏主见。

反感：感觉迟钝。

追求：被人接受，生活稳定。

担心：突然的变革。

动机：团结，归属感。

1）性格没有好坏之分。没有一个人是100%属于某一种类型的。个性的审美领域是开放的，每个人的个性里都自有一种特性，不要只盯住自己的个性弱点，去苛求所谓的完美。其实，只要不带偏见地深入审视自己，总会找到自己个性中的优势。

俗话说：江山易改，本性难移。请遵照自己的性格特点去制定自己的行事规则，并不断地完善自己的性格，让自己更优秀，但绝不是完全抛弃原来的自己，更不要认定"我的性格不好"。性格并没有好坏之分，请记住：每一种性格都有成功的潜质，关键是我们怎样运用性格。

2）不善于与其他人沟通怎么办？

> **事例**
>
> 　　在一家公司里出现了一个有趣的推销员，这个人刚开始和经理谈合作项目就面红耳赤，不知所云。经理礼貌地拒绝了他。但是，第二天，那个青年又来了，依然口吃得厉害，说得不清楚。经理还是拒绝。让人想不到的是，那个青年在接下来的半个月，每天都来，反复地介绍业务。最终，经理被感动了，项目被接纳了。那个人就是年轻的李嘉诚。

【评析】李嘉诚生性腼腆、内向而不喜主动交谈。但他说，他一生最好的经商锻炼，是做推销员。对方有没有买的意图；需不需要你的产品；如何寻找客户，联系客户；与客户初次会面该说什么话，穿什么衣服；客户没有合作意向，如何激发他的意向；建立了购销关系的客户，如何巩固这种关系。这些技巧和方法在课堂和书本里是找不到的，然而可以在沟通中把握和领悟，这也为李嘉诚的成功奠定了基础。

我们不必去追求性格的改变，但可以去改善自己的性格，使自己充满魅力。要做到：
第一，建立自信，时刻提醒自己，自己不比别人差。
第二，放松心情，解除心理压力，尝试做一个主动热情的人。
第三，从各种渠道了解各种知识，与人有共同话题可谈，不断练习。

（三）能力

在最新的研究中，能力称为能块。能块包括思块（思维）、行块（行为）和语块（语言）。思块、行块、语块三者是相互关联的。思块在此起主导作用，但是其他两者又可以刺激思块的不断发展。

能块可以通过专门训练得到很大的提高。例如，游泳、体操、绘画、武功等就是一种能力的专业训练，也是一种提高训练。同时，会绘画的模仿能力非常好；会音乐的听力非常好；会武功的灵敏度非常强；长期处于官场的语言概括能力很强；做主持人的语言速度可以得到很好的控制；练拳击的力度和耐力比常人要强很多。

在沟通中，语言起着至关重要的作用。现代社会中流行这样一句话："是人才不一定有口才，有口才一定是人才。"可见成功得益于沟通，语言能力是个人素质的重要组成部分。

> **事例**
>
> 　　　　　　　　　　赠　票
>
> 　　20世纪30年代，萧伯纳的名著《卖花女》准备在巴黎大剧院上演，这时他派人送两张戏票给当时的首相丘吉尔，并写了一封短笺给丘吉尔，上面写着："亲爱

的温斯顿爵士，奉上戏票两张，如果阁下还可以找到一个朋友的话，不妨一起来看演出。"

丘吉尔是英国历史上的一代名相，又是第二次世界大战时期的三巨头之一，本身具有相当的文学天赋和语言能力，因此他自然明白大作家的嘲讽之意，于是便回信："亲爱的萧伯纳先生，十分感谢你所赠的戏票，因有约在先，无法前往观赏。不过，如果你的戏能上演第二次的话，我一定和朋友前去捧场。"

【评析】萧伯纳和丘吉尔两位名人含蓄的语言中都夹带了犀利的讽刺，在这一回合的较量中不分伯仲，可见语言的力量。

当你在不同场合与人交往、当众发言时，会不会出现紧张怯场、面红耳赤、大脑空白、思维混乱、语无伦次；重点不明、言之无物、条理不清；无文采，无新意；缺乏感染力、吸引力、说服力等现象呢？不善表达不但使你的个人能力受到质疑，还为自己设置了发展障碍，严重影响到你的职场前景。锻炼语言能力并不是一朝一夕的事情，要坚持不懈。

事例

美国前总统林肯为了练习语言能力，徒步30英里，到一个法院去听律师们的辩护词，看他们如何论辩，如何做手势。他一边倾听，一边模仿。他听到那些云游八方的福音传教士挥舞手臂、声震长空的布道，回来后也学他们的样子。他曾对着树、树桩、成行的玉米练习。

【评析】语言能力并不是一种天赋的才能，它是靠刻苦训练得来的。

课堂活动

沟通游戏。

目标：分组，在五分钟内，你的任务是收集同样颜色的巧克力豆，越多越好。（或采用其他材料均可）

准备动作：老师没说开始前，不能有任何动作。

1）将巧克力豆包装打开，倒在手掌上。
2）如何达成协作，完全看个体的表现。
3）你只能使用发给你那一组的巧克力豆。
4）除非经过同意，否则不准从其他组拿巧克力豆。

成功说服他人，体会在此过程中你所运用的方法和所需的能力。

相关链接

下面的故事分别说明了沟通的哪个自身因素的重要性？

1. 在美国一个市场里，有个中国妇人的摊位生意特别好，引起其他摊贩的嫉妒，大家常有意无意地把垃圾扫到她的店门口。这个中国妇人只是宽厚地笑笑，不予计较，反而把垃圾都清扫到自己的角落。旁边卖菜的墨西哥妇人观察了她好几天，忍不住问道："大家都把垃圾扫到你这里来，你为什么不生气？"中国妇人笑着说："在我们国家，过年的时候，都会把垃圾往家里扫，垃圾越多就代表会赚很多的钱。现在每天都有人送钱到我这里，我怎么舍得拒绝呢？你看我的生意不是越来越好吗？"从此以后，那些垃圾就不再出现了。

这个中国妇人化诅咒为祝福的智慧确实令人惊叹，然而更令人敬佩的却是她那与人为善的宽容的美德。她用智慧宽恕了别人，也为自己创造了一个融洽的人际环境。俗话说和气生财，她的生意自然越做越好。如果她不采取这种方式，而是针锋相对，又会怎样呢？结果可想而知。

2. 小泽征尔是世界著名的交响乐指挥家。在一次世界优秀指挥家大赛的决赛中，他按照评委会给的乐谱指挥演奏，敏锐地发现了不和谐的声音。起初，他以为是乐队演奏出了错误，就停下来重新演奏，但还是不对。他觉得是乐谱有问题。这时，在场的作曲家和评委会的权威人士坚持说乐谱绝对没有问题，是他错了。面对一大批音乐大师和权威人士，他思考再三，最后斩钉截铁地大声说："不！一定是乐谱错了！"话音刚落，评委席上的评委们立即起来，报以热烈的掌声，祝贺他大赛夺魁。

原来，这是评委们精心设计的"圈套"，以此来检验指挥家在发现乐谱错误并遭到权威人士"否定"的情况下，能否坚持自己的正确主张。前两位参加决赛的指挥家虽然也发现了错误，但终因随声附和权威们的意见而被淘汰。小泽征尔却因充满自信而摘取了世界优秀指挥家大赛的桂冠。

3. 爱迪生：从不计划30年后的事。

著名发明家爱迪生在他55岁生日时，参加一个社会各界为他庆祝的生日宴会。在宴会中，有记者问："你的未来计划如何？"

爱迪生说："从现在起到75岁，我将专心工作。75岁起，我打算玩桥牌。80岁我将和女人聊八卦，84岁我想每天打高尔夫球。"

那人又问："90岁呢？"爱迪生耸耸肩说："我从来不计划30年以后的事情。"

4. 狄更斯：我的职业就是说谎。

有一次，英国作家狄更斯跑到河边偷偷钓鱼，突然，一个陌生人走到他面前问："怎么？你在钓鱼？"狄更斯不假思索地说："是啊！今天真倒霉，钓了半天，一条也没有钓到；而昨天也是在这个地方，却钓到了15条大鱼哩！"陌生人说："是吗？你昨天钓得很多啊！"接着他又说："你知道我是谁吗？我是这河川专门抓偷钓鱼的，很抱歉，这河川禁止钓鱼！"说着这陌生人拿出本子，准备要给狄更斯开罚款单。狄更斯看到这种情景，连忙反问："那么，你知道我是谁吗？"陌生人被这一反问搞得莫名其妙，狄更斯对他说："我是作家狄更斯，你不能罚我，因为虚构故事就是我的职业。"陌生人没有办法，只好让狄更斯离去。

5. 林肯：回答一道难题。

林肯在学校读书的时候就已经显示出了超人的才智。当时，有一个老师千方百计地想难倒林肯。一天上课时，他问："林肯，你是要回答一道难题呢？还是回答两道容易的题目？"不出所料，林肯答道："回答一道难题吧！""好吧，那么你回答，蛋是怎么来的？""母鸡生的。"林肯答道。"那么，鸡又是从哪里来的呢？"林肯说："老师，这已经是第二个问题了。"

6. 海明威：沙地上的签名。

海明威虽然创作严谨，但生活中却颇具幽默感。海明威迁居古巴哈瓦那之后，一位纽约富商慕名前去拜访，坚持要海明威在他的日记簿上签名留念。海明威晓得这个来访者是靠房地产买卖而发财的。当时，他们正在沙滩上闲聊，他立刻用手杖在沙地上签了一个名，说："请你收下这个签名，顺便也连地皮一起带回纽约去。"

7. 海明威：活下去的理由。

有一次，海明威在哈瓦那的一个宴会上，遇到一个没有才华又自视甚高的作家，一直要跟他说话，海明威曾几次想借故脱身，但那位作家仍纠缠不休。最后，海明威直接问对方到底要怎么样。那位作家便爽快地向海明威表示了他的愿望，他说："海明威先生，我早就下决心要为你写一本传记，希望你死了以后，我能获得为你写传记的殊荣。"海明威听了，不客气地回答："我就是知道你想为我写传记，所以我才千方百计，想尽办法也要活下去！"

8. 莫扎特：不要和我比天赋。

有一位年轻的音乐家兴致勃勃地找到奥地利作曲家莫扎特，并请教他："莫扎特先生，我很想写一首交响乐曲，您能告诉我怎样开始吗？"这位知名的音乐家听后，沉吟了一会儿，说："你年纪还轻，应该先多写些小曲子呀！"

"不！我知道先生您也是在很年轻的时候就已经写出了非常有名的交响乐作品，那时您才10岁啊！""没错！不过，我在10岁写交响乐时，并没有去请教别人呀！"

第四章 沟通与礼仪

一、沟通与礼仪的关系

沟通与礼仪之间存在着独特而又和谐的关系。

沟通在现实生活中无处不在,无时不在,它是人类社会存在的重要方式,是人们相互认识、相互理解、相互合作的重要途径。在人际沟通中,使用正确的沟通方式、运用合理的沟通技巧,十分重要。

礼仪在现实生活中也是无处不在的,它是人们在人际交往中,以一种约定俗成的程序或方式表现出来的律己、敬人的过程,是行为的规范。

讲究礼仪,遵从礼仪规范,可以有效地展现一个人的教养、风度与魅力,更好地体现一个人对他人和社会的认知水平和尊重程度,从而使个人的学识、修养和价值得到社会的认可和尊重。适度、恰当的礼仪不仅能给公众以可亲可敬的信任感和与之交往、合作的愿望,而且会使其与公众的合作过程充满了和谐。由此可见,礼仪既是一个人内在素质和文化修养的体现,也是人与人交往的"名片""通行证"。人们在社会交往中,如果双方都注重礼仪规范,就会有利于相互之间的沟通和建立良好的关系。

礼仪是人际交往的艺术,礼仪是沟通的技巧。

我国是一个历史悠久的文明古国,素有"礼仪之邦"的美称。讲"礼"懂"仪"是中华民族世代相传的优良传统。源远流长的礼仪文化是前人留给我们的一笔宝贵的财富。随着时代的进步,人际交往的日趋频繁和密切,作为交往润滑剂的礼仪也愈加显得重要。知礼懂礼,注重礼仪,是每个人立足社会的一个基本前提,也是人们成就事业、获得美好人生的重要条件。

礼仪是需要学习的。学习礼仪,可以内强素质、外塑形象,有助于建立良好的沟通渠道,还有助于维护组织的形象。

尊重为本、善于表达、形式规范是礼仪的三个基本理念。所谓"尊重为本",是指既要尊重他人,也要尊重自己;所谓"善于表达",是指要恰到好处地把自己的尊重和友善表达出来;所谓"形式规范",是指运用礼仪时,要合乎规范。

礼仪的学习贵在实践。形成良好的行为习惯,是礼仪学习的关键。

二、常用礼仪

(一)服饰礼仪

服饰礼仪,是人们在交往过程中为了相互表示尊重与友好,达到交往的和谐而体现在服饰上的一种行为规范。

服饰反映了一个民族的文化水平和物质文明发展的程度,具有极强的表现功能。在社交活动中,人们可以通过服饰来判断一个人的身份、地位、涵养;穿着者也通过服饰展示了家庭经济状况,体现了自我的审美水平及标准等。服饰是人类的一种内在美和外在美的统一。要想塑造一个真正美的自我,就要掌握服饰打扮的礼仪规范,用和谐、得体的穿着来展示自己的品位和修养。

> **事例**
>
> 从前,日本著名企业家松下幸之助不修边幅,也不注重企业形象,因此企业发展缓慢。一天,他去理发时,理发师毫不客气地批评他不注重仪表,说:"你是公司的代表,却这样不注重衣冠,别人会怎么想,连人都这样邋遢,他的公司会好吗?"这些话深深地触动了松下幸之助。从此他一改过去的习惯,开始注意自己在公众面前的仪表仪态,生意也随之兴旺起来。现在,松下电器的产品享誉世界,这与松下幸之助长期率先垂范,并要求员工懂礼貌、讲礼节是分不开的。

> **事例**
>
> 叶明是国内一家效益很好的大型企业的总经理,经过上级有关部门的牵线搭桥及多方努力,他终于要与德国一家著名家电企业的董事长洽谈合作事宜了。谈判那天,为了给对方留下精明强干、时尚新潮的好印象,叶明上身穿了一件T恤衫,下身穿了一条牛仔裤,脚上穿了一双旅游鞋。当他精神抖擞、兴高采烈地带着秘书出现在对方面前时,对方瞪着不解的眼睛看着他,上下打量了半天,非常不满意。这次合作没能成功。

> **事例**
>
> 　　小刘和几位外国朋友相约周末一起聚会娱乐。为了表示对朋友的尊重，星期天一大早，小刘就西服革履地打扮好，还特地打上了漂亮的领结。他们来到一家酒店用餐。大家边吃边聊，好不开心。八月的北京，天气酷热。不一会儿，小刘就汗流浃背了，他不停地用手帕擦着汗。饭后，大家到娱乐厅打保龄球。在球道边，小刘不断地为朋友鼓掌叫好。在朋友的强烈要求下，小刘勉强站起来整理好服装走上场地，当他摆好姿势用力地把球投出去时，只听到"嚓"的一声，上衣的袖子扯开了一个大口子，弄得小刘十分尴尬。

【评析】美国著名心理学家桑戴克的"晕轮效应"认为：人们对一个人的认知和判断往往只从局部出发、扩散而得出整体印象，因此常常以偏概全。"晕轮效应"不但常表现在以貌取人上，还常表现在以服装定地位、性格，以及通过初次言谈定一个人的才能与品德等。在对不太熟悉的人进行评判时，这种效应体现得尤其明显。

卡耐基认为，在社交活动中，第一印象很重要。第一印象，是在与人初次接触时给对方留下的形象特征。它是在没有任何成见的基础上，完全凭着一个人的"自我表现"形成的，因而第一印象直观、鲜明、强烈而又牢固。第一印象的好坏，决定着社交活动能否继续下去。事例中的叶明，因为衣着不得体，就吃了"第一印象"的亏。而松下幸之助的"转型"（形象）与成功，也让我们看到了"形象工程"的力量。但是服装仅仅是穿得"好"（如事例中小刘的西服革履），还是不够的，还要穿得得体。可见在社交场合，"穿衣戴帽"绝非"小事一桩"，千万不可掉以轻心。

1. 服饰打扮的基本原则

由于每个人的喜好不同，打扮方式不同，服饰打扮产生的效果也就不同，因此也成就了五彩斑斓的服饰世界。但从人的审美观及审美心理的角度看，人们还是要遵循一些基本的原则的。

（1）整洁原则　整洁原则是指整齐干净的原则，这是服饰打扮的一个基本原则。一个穿着整洁的人总能给人以积极向上的感觉，并且也表示出对交往对象的尊重和对社交活动的重视。整洁原则并不意味着时髦和高档，只要保持服饰的干净合体、全身整齐有致即可。请牢记："衣贵洁，不贵华。"

（2）个性原则　个性原则是指社交场合树立个人形象的要求。不同的人由于年龄、性格、职业、文化素养等方面的不同，自然就会形成各自不同的气质。在选择服装进行服饰打扮时，不仅要符合个人的气质，更要凸显自己美好的气质，为此，必须深入了解自我，正确认识自我，选择适合自己的服饰。要使打扮富有个性，还要注意：首先不要盲目追赶时髦，因为最时髦的东西往往是最没有生命力的；其次要穿出自己的个性，不要盲目模仿他人，如看到他人穿超短裙好看，就马上跟风，而不考虑自己的综合因素。

（3）和谐原则　所谓和谐原则，是指协调、得体的原则，即选择服装时不仅要与自身体形相协调，还要与着装者的年龄、肤色等相匹配。服饰是一种艺术，能掩盖体形的某些不足。我们要借助服饰，创造出一种美妙身材的视觉效果。不论是高矮胖瘦，年轻的还是年长的，只要根据自己的特点，用心地去选择适合自己的服饰，总能创造出自己的神韵。

（4）着装的T.P.O原则　T.P.O分别是英语Time、Place、Occasion三个词的缩写字头，即着装的时间、地点、场合的原则。一件被认为漂亮的服饰，不一定适合所有的时间、地点、场合。因此，在着装时应该考虑到这三方面的因素。

着装的时间原则，包含每天的早、中、晚时间的变化，春、夏、秋、冬四季的不同和时代的变化；着装的地点原则，是指环境原则，即不同的环境需要与之相适应的服饰打扮；着装的场合原则，是指场合气氛原则，即着装应当与当时、当地的气氛融洽、协调。着装的T.P.O原则的三要素是相互贯通、相辅相成的。

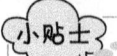

只有当服饰遵循了T.P.O原则的时候，它才是合乎礼仪的，才能够给公众以可敬、可信、可亲的心理效应。

——卡耐基

2. 服饰的色彩搭配

服饰美，是款式美、质料美和色彩美三者的统一，形、质、色三者相互衬托、相互依存，构成了服饰美统一的整体。很多人都会有这样的感受，色彩的美是最先引人注目的。

服饰色彩的相配应遵循一般的美学常识。服装与服装、服装与饰物、饰物与饰物之间应色调和谐，层次分明。饰物只能起到"画龙点睛"的作用，而不应喧宾夺主。

（1）服饰色彩搭配的几种方法

1）同色搭配。即由相近或相同，明度有层次变化的色彩相互搭配，造成一种统一和谐的效果。例如，墨绿配浅绿、咖啡配米色等。在同色搭配时，可选择上淡下深，或上明下暗，这样整体上就给人一种稳重踏实的感觉。

2）相似色搭配。例如，蓝色与绿色、红色与橙色的搭配等。相似色搭配时，两种颜色的明度、纯度要错开，如深一点的蓝色和浅一点的绿色配在一起比较合适。

3）主色搭配。即选一种起主导作用的基调和主色，再配以其他颜色，造成一种互相陪衬、相映成趣的效果。采用这种配色方法，应首先确定整体服饰的基调，其次选择与基调一致的主色，最后再选出多种辅色。这种搭配方式如果选色不当，容易造成混乱，损坏整体形象，因此要慎重使用。

（2）服饰搭配中的非色彩因素　在选择服饰色彩的时候，不仅要考虑色彩之间的搭配，还要考虑其与着装者的年龄、形体、肤色、性格、职业等方面的相配。原则上一身不要超出三种颜色。

1）服饰色彩与年龄的相配。不论年轻人，还是年长者，都有权利打扮自己。但是在打扮时要注意，不同年龄的人有不同的着装要求。年轻人的穿着可鲜艳、活泼和随意些，这样可以充分体现年轻人朝气蓬勃的青春美；而中老年人的着装则要注意庄重、雅致、含蓄，充分表现出成熟之美。但无论哪个年龄段，只要着装与年龄相协调，都可以显示出独特的韵味。

2）服饰色彩与形体的相配。在服装的选择与搭配上，对于形体高大的人而言，宜选择深色、单色的为好，太亮、太淡、太花的色彩都有一种扩张的感觉，使着装者显得更高、更大。

对于身材较矮的人而言，宜选择色彩稍淡，或明快、柔和些的为好，上下色彩一致可以形成修长的感觉。

对于体形较胖的人而言，选择时应以冷色调的为好，过于强烈的色彩就更显得人胖了。

对于体形偏瘦的人而言，选择时则应以明亮、柔和的为好，太深、太暗的色彩反而显得人瘦弱。

3）服饰色彩与肤色的相配。肤色影响着服饰配套的效果，也影响着服装及饰物的色彩。但反过来说，服饰的色彩同样作用于人的肤色并使肤色发生变化。一般认为：

肤色发黄或略黑，或皮肤粗糙的人，在选择服饰色彩时应慎重。色调过深，会加深肤色偏黑的感觉，使肤色毫无生气；反之，也不宜选用色调过浅的服色，色泽过浅，会反衬出肤色的黝黑，同样会使人显得暗淡无光。这种肤色的人最适宜选用的是与肤色对比不强的粉色系、蓝绿色。最忌选用色泽明亮的黄、橙、蓝、紫或色调极暗的褐色、黑紫、黑色等。

肤色略带灰黄，则不宜选用米黄色、土黄色、灰色的服色，否则会显得精神不振和无精打采。

肤色发红，则应配用稍冷或浅色的服色，但不宜使用浅绿色和蓝绿色，因为这种强烈的色彩对比会使肤色显得发紫。

4）服饰色彩与性格的相配。不同的性格需要由不同的色彩来表现，只有选择与性格相符的服色才会给人带来舒适与愉快。性格内向的人，一般喜欢选择较为沉着的颜色，如青、灰、蓝、黑色等；性格外向的人，一般以选用暖色或色彩纯度高的服色为佳，如红、橙、黄、玫瑰红色等。

5）服饰色彩与职业的相配。不同的职业有不同的着装要求。如法官的服色一般为黑色，以显示出庄重、威严；银行职员的服色一般选用深色，这会给客户以牢靠、信任的感觉；医务工作者的服色大多选用白色，体现着圣洁、卫生。

3. 男性服饰

在现代职场中，男性的着装大多是西装。西装，又称为西服、洋服。西装起源于欧洲，是男士在正式场合的首选。男士穿上西装可以给人以典雅高贵、英武矫健、风度翩翩的感觉。

（1）穿着西装的三个重要规则

第一，"三色原则"，即穿西装时，全身的颜色不能多于三种，包括上衣、裤子、衬衫、领带、鞋子、袜子在内。

第二，"三一定律"，即穿西装、套装外出时，鞋子、腰带、公文包应为同一颜色，而且首选黑色。

第三，"三大禁忌"，即穿西装时有三种错误不能犯：①袖子上的商标没有拆；②在重要场合，穿夹克或短袖衬衫打领带；③袜子出现问题。在重要场合，白色袜子和尼龙丝袜都不能与西装搭配。

（2）男士西装礼仪　男士在穿着西装时除了需要遵循上述三个重要规则外，还需要注意以下几方面内容：

1）西装上衣的袖子，应比衬衫的袖子短1.5厘米为宜。

2）西装上衣、裤子的口袋内不能装物品。

3）双排扣西装，扣子要全部扣上；单排双粒扣西装，扣上面一粒或全部不扣；单排三粒扣西装，扣中间一粒或都不扣；单排四粒扣西装，扣中间的两粒扣子。

4）西裤不能太短，标准的长度为裤管盖住皮鞋。

5）衬衫不能放在西裤外。

6）衬衫领子不能太大，佩戴领带一定要扣好扣子，领脖之间不能存在空隙。

7）领带的颜色不能太刺眼。

8）领带不能太短，一般长度应是领带头盖住皮带扣。

9）着西装时不能穿运动鞋。

4. 女性服饰

（1）职业女性着装礼仪要领

1）服装要整洁平整。服装并不一定要高档华贵，但必须保持清洁，并熨烫平整。这样穿起来才能大方得体，显得精神焕发。整洁并不完全为了自己，也是为了尊重他人，这是良好仪态的第一要领。

2）要注意色彩搭配。不同色彩会给人不同的感受，如深色或冷色调的服装让人产生视觉上的收缩感，显得庄重严肃；而浅色或暖色调的服装会有扩张感，使人显得轻松活泼。因此，可以根据不同的需要进行选择和搭配。

3）配套要齐全。除了主体服装之外，鞋、袜、手套等的搭配也要多加考究，如袜子以透明近似肤色或与服装颜色协调为好，带有大花纹的袜子是不登大雅之堂的。正式、庄重的场合不宜穿凉鞋或靴子。黑色皮鞋适用最广，可以和任何服装相配。

4）要随境而穿。不同的工作性质，不同的单位，有着不同的衣着打扮风格和着装要求。要根据着装者的工作性质和特点来选择装束。

（2）女士西装礼仪

1）比较正式的场合宜穿套装，以示庄重；比较随便的场合则可与不同颜色的裤子、裙子搭配，更显潇洒、亲切。

2）西装要合体，过小显得拘谨、局促；过大显得松垮、呆板。

3）可将西装的领子翻出。

4）穿西装时，鞋、袜、包等要配套，要有主题，不凌乱。

5）西装的色彩以基本色为好，亦要根据年龄、体形、职业、气质等特点区别对待。

6）面料以挺括、舒适、柔软的纯毛、混纺制品为好。

5. 佩戴饰物的礼仪

我们通常所用的饰物，可以分为两种：一种是实用型的，如男士的手表、钢笔、打火机等，女士的包等；另一种是装饰型的，如戒指、耳环、胸针等。

佩戴、使用饰物要注意以下几点：

（1）以少为佳　佩戴、使用饰物通常限制在三种之内，而且每一种不多于两件。

（2）同质同色　即质地（材料）、款式、色彩要协调。

（3）符合习俗　即与当时、当地的习俗一致。例如，北方人戴翡翠有一个讲究，即男戴观音女戴佛。又如，戒指一般要戴在左手上等。

（4）注意搭配　佩戴饰物时，要与自己的身份、地位、衣着等和谐，饰物之间也要协调。

手表的选择与佩戴礼仪

与首饰相同，在社交场合，人们所佩戴的手表往往显示了佩戴者的身份、地位和财富状况。因此，在人际交往中人们所佩戴的手表，尤其是男士所戴的手表，大都引人瞩目。在正规的社交场合，手表往往被视同首饰。有人甚至强调说：手表不仅是男人的首饰，而且是男人最重要的首饰。在西方国家，手表与钢笔、打火机曾一度被称为成年男子的"三件宝"，是每个男人须臾不可离身的东西。

> **课堂活动**
>
> 1. 小李的口头表达能力不错，对公司产品的介绍也得体，人既朴实又勤快，在业务员中学历又最高，老总对他抱有很大的期望。可是做销售代表半年多了，小李的业绩总上不去。问题出在哪儿呢？原来，小李是个不修边幅的人。他的双手拇指和食指喜欢留着长指甲，里面经常存有脏东西；他白衬衣的领子经常带有污渍；他经常在手上记电话号码。此外，他还喜欢吃大饼卷大葱，吃完后，也不注意去除口中的异味。
>
> 有客户反映小李说话太快，经常没听懂或没听完客户的意见就着急地发表看法……小李给人的感觉是风风火火的，好像每天都忙忙碌碌的，少有停下来的时候。但是在很多时候，他根本没有机会见到想见的客户。
>
> 你认为小李在哪些方面需要提高？如何改进呢？
>
> 2. 李丽大学毕业后被分配到某公司做文秘工作。工作不久，在一次接待客户时，领导让她接待一位华侨女士。临分别时，该客户对小李热情、周到的服务非常满意，留下名片，并认真地说："谢谢！欢迎你到我公司来做客，请代我向你的先生问好。"小李愣住了，因为她根本没有男朋友。可是，那位华侨女士也没有错，她之所以这么说，是因为她看见小李的左手无名指上戴有一枚戒指。
>
> 请你说一说李丽的问题出在哪里？你能说出戴戒指的讲究吗？
>
> **参考答案**
>
> 1）戒指一般戴在左手上。
>
> 2）戒指戴在不同的手指上传递着不同的信息，表示着不同的寓意：戴在食指上，表示尚未恋爱，正在求偶；戴在中指上，表示正有意中人，正在恋爱；戴在无名指上表示已结婚或订婚；戴在小指上，则表示独身。
>
> 3）佩戴两枚或两枚以上的戒指是不妥的。
>
> 4）大拇指一般不戴戒指。

（二）称呼礼仪

称呼，是指人们在日常交往应酬中，所采用的彼此之间的称谓语。

在人际交往中，称呼的选用反映着一个人的教养、对他人尊敬的程度，甚至还体现着双方关系发展所达到的程度和社会风尚等。初次交往，称呼是否恰当、得体，可能会对交际的成败产生重大的影响。

1. 正确称呼的基本要求

选择称呼，一要合乎常规，二要照顾被称呼者的个人习惯，入乡随俗。

在工作岗位上，人们彼此之间的称呼是有其特殊性的，要庄重、正式、规范。

2. 称呼的种类

（1）谦称　谦称是下级对上级、晚辈对长辈说话或与同事、平辈说话时比较客气的自称，有时也可以是上级对下级、长辈对晚辈比较客气的自称。

最常用的是"我""我们"。目前，还流行着一些古人的谦称，如"鄙人""愚兄""在下""晚生"等。

（2）敬称　敬称是下级对上级、晚辈对长辈说话或与同事、平辈说话时比较客气的称呼。

通常用"您""您老""您老人家""君"等；此外还有："尊＋称谓"，如尊夫人、尊大人、尊府；"令＋称谓"，如令尊、令堂、令兄、令妹等古汉语说法，在官场或知识界仍然会时常听到这种称谓。

（3）通称　通称是不区分听话人的年龄、职业、职务等而广泛使用的称呼。

"同志"，是新中国成立后至改革开放前比较普遍使用的一个称呼。现在，这一称呼虽然仍被使用，但范围比较狭窄了。使用更多的是"先生""太太""女士""小姐"等称谓。

在不知道对方姓名及其他情况（如职务、职称、行业等）时可采用此类称呼。

（4）职业称谓　即以被称呼者的职业作为称呼。

例如，将教员称为"老师"，将教练员称为"教练"，将专业辩护人员称为"律师"，将警察称为"警官"，将医生称为"医生"或"大夫"等。

一般情况下，在此类称呼前均可加上姓氏或姓名，也可以用"博士先生""教授先生"等称谓。

（5）亲属性称谓　多用于非正式交际场合以表示尊敬，这能传达出某种亲情。亲属称谓，包括亲属间的和非亲属间的两种：前者在亲属之间使用，后者在社会上使用。

"爸爸、妈妈"是纯粹的亲属间的亲属称谓；"叔叔、大哥、大姐"等称谓形式既可以用于亲属间，也可以用于非亲属之间；但"阿姨"这样的称谓形式则只能用于非亲属之间。

值得一提的是，亲属称谓在现实生活中还有一种特殊形式，借子称或者从子称。借子称是在亲属称谓前加上"他"（指自己的孩子），"他爸"="孩子他爸"，其他还有他妈、他叔、他三奶、他二叔等；从子称是站在自己孩子的立场上使用跟孩子一致的称谓形式。

> **事例**
>
> 　　有一个年轻人骑马赶路，眼看已近黄昏，可是前不着村，后不着店。天快黑了还没有找到投宿的地方。
> 　　忽然，他看见前面有位老人，便在马上高声喊道："喂，老头儿，这儿离旅店有多远？"
> 　　"五里！"老人头也不抬地答道。
> 　　年轻人策马飞奔，急忙赶路去了。结果，一跑十多里，仍不见人烟。他暗想，这个老头儿真可恶！
> 　　"五里，五里，什么五里！"他一边赶路一边怨恨不迭地自言自语……
> 　　猛然，他从这两个字的谐音中领悟到老人的严厉批评。
> 　　"'五里'，不就是说我'无礼'吗？"于是，掉转马头往回赶，见那老人还在路边，便急忙翻身下马，躬身施礼，恭恭敬敬地叫了一声："老大爷！"
> 　　老人不等年轻人再讲些什么，就说："小伙子，你已经错过路头了！如不嫌弃，可到我家一住。"

【评析】 这个年轻人刚开始问路时，不懂得恰当使用称呼，很没礼貌地对老人家直呼"喂，老头儿"，以至于引得老人家的恼怒，头也不抬地回答他"五里！"其结果是年轻人一跑十多里，仍不见人烟，自食恶果。当他悟到自己无礼并及时改正时，得到了老人家的帮助。可见生活中，懂得正确使用称呼用语与不懂得正确使用称呼用语的人得到的待遇是不同的。

3. 称呼的禁忌

在较为正式的场合里使用称呼时，一定要避免下面几种失敬的做法。

（1）无称呼　　就是不称呼别人就没头没脑地跟人家搭讪、谈话。这种做法要么令人不满，要么会引起误会，所以要力戒。

（2）替代性称呼　　就是以非常规性称呼代替正规性称呼，如医院里的护士喊床号"11床"、服务行业称呼顾客几号、"下一个"等。

（3）易于引起误会的称呼　　因为习俗、关系、文化背景等的不同，有些容易引起误会的称呼切勿使用。

例如，在中国，很传统的一个称呼就是"同志"，但在海外一些地方，就不适用了。"同志"在那里有一种特殊的含义——同性恋。

（4）使用不通行的称呼　　例如，中国人常称呼配偶为"爱人"，北京人爱称呼人为"师傅"，山东人爱称呼人为"伙计"等。但是，外国人会将"爱人"理解为"第三者"，而在南方人听来，"师傅"等于"出家人"，"伙计"就是"打工仔"。

（5）不适当的称呼　例如，使用"姐们儿""死党""铁哥们儿"等一类带有黑社会色彩的称呼；使用绰号等。

（6）使用错误的称呼　常见的错误称呼有两种：一是误读，一般表现为叫错被称呼者的姓名，如"郁""查""盖"这些姓氏就极易弄错，要避免犯此类错误，要做好先期准备，必要时，虚心请教；二是误会，主要指对被称呼的年纪、辈分、婚否以及与其他人的关系做出了错误判断，如将未婚女士称为"夫人"等。使用错误的称呼，主要在于粗心大意，用心不专。

总之，称呼是交际之始、交际之先。慎用称呼、巧用称呼、善用称呼，将使你赢得他人的好感，有助于你与他人的沟通。

┤ 课堂活动 ├

表演：模拟招聘现场：某广告公司欲招聘两名平面设计人员，招聘现场有人事经理一人、面试官二人。请自行设计应聘者开始应聘及应聘完毕的应对语言等情景，请注意礼貌用语。

相关链接　

1. 汉语、英语亲属称谓对照表

血亲关系	1	汉	丈夫	妻子	父亲	母亲	儿子	女儿	哥哥	弟弟	姐姐	妹妹
		英	husband	wife	father	mother	son	daughter	brother		sister	
	2	汉	祖父	外祖父	祖母	外祖母	孙子	外孙	孙女		外孙女	
		英	grandfather		grandmother		grandson		granddaughter			
	3	汉	伯父	叔父	舅舅	姑父	姨父		侄子		外甥	
		英	uncle						nephew			
		汉	伯母	婶母	舅母	姑母	姨母		侄女		外甥女	
		英	aunt						niece			
	4	汉	堂兄	堂弟	表哥	表弟	堂姐	堂妹	表姐		表妹	
		英	cousin									
姻亲关系	5	汉	公公	岳父	婆婆	岳母	女婿		儿媳			
		英	father-in-law		mother-in-law		son-in-law		danghter-in-law			
	6	汉	大伯	小叔	内兄	内弟	姐夫		妹夫			
		英	brother-in-law									
	7	汉	大姑	小姑	大姨	小姨	嫂子		弟媳妇			
		英	sister-in-law									

2. 汉语亲属称呼中面称语与书面语对照表

血亲关系	1	书面语	丈夫	妻子	父亲	母亲	儿子	女儿	哥哥	弟弟	姐姐	妹妹
		面称语	老公	老婆	爸爸	妈妈	儿子	女儿	哥哥	弟弟	姐姐	妹妹
	2	书面语	祖父	外祖父	祖母	外祖母	孙子	外孙	孙女		外孙女	
		面称语	爷爷	外公	奶奶	外婆	孙子	外孙	孙女		外孙女	
	3	书面语	伯父		叔父	舅舅	姑父	姨父	侄子		外甥	
		面称语	伯伯		叔叔	舅舅	姑父	姨父	侄子		外甥	
		书面语	伯母		婶母	舅母	姑母	姨母	侄女		外甥女	
		面称语	伯母		婶婶	舅妈	姑妈	姨妈	侄女		外甥女	
	4	书面语	堂兄		堂弟	表哥	表弟	堂姐	堂妹	表姐	表妹	
		面称语	堂哥		堂弟	表哥	表弟	堂姐	堂妹	表姐	表妹	
姻亲关系	5	书面语	公公		岳父	婆婆	岳母	女婿		儿媳妇		
		面称语	爸爸		爸爸	妈妈	妈妈	女婿		儿媳妇		
	6	书面语	大伯		小叔	内兄	内弟	姐夫		妹夫		
		面称语	哥哥		弟弟	哥哥	弟弟	哥哥		弟弟		
	7	书面语	大姑		小姑	大姨	小姨	嫂子		弟媳妇		
		面称语	姐姐		妹妹	姐姐	妹妹	姐姐		妹妹		

注：所谓"面称"，是当面称呼听话人的一种称呼语，又叫作"对称"；与其相对的称呼是"背称"，又叫作"引称"。

3. 外国人的姓名

外国人的姓名与我国汉族人的姓名大不相同，除文字的区别之外，姓名的组成、排列顺序都不一样，还常带有冠词、缀词等。下面对常见的一些外国人姓名进行简单介绍。

（1）英美人的姓名　英美人姓名的排列，是名在前姓在后。例如，John Wilson 译为约翰·维尔逊，John 是名，Wilson 是姓。又如，Edward Adam Davis 译为爱德华·亚当·戴维斯，Edward 是教名，Adam 是本人名，Davis 为姓。也有的人把母姓或与家庭关系密切者的姓作为第二个名字。在西方，还有人沿袭用父名或父辈名，在名后缀以小（Junior）或罗马数字以示区别。例如，George Smith，Ⅲ，译为乔治三世。

妇女在结婚前都有自己的姓名，结婚后一般是自己的名加丈夫的姓。例如，玛丽·怀特（Marie White）小姐与约翰·戴维斯（John Davis）先生结婚，婚后女方姓名改为玛丽·戴维斯（Marie Davis）。

书写时常把名字缩写为一个字头，但姓不能缩写，如 G. W. Thomson、D. C. Sullivan 等。

口头称呼一般称姓，如"怀特先生""史密斯先生"。正式场合一般要全称，但关系密切的人之间常称呼其本人名。家里人、亲友之间除称呼本人名外，还常用昵称（爱称）。

以英文为本国文字的国家，姓名组成称呼基本与英、美人一样。

（2）法国人的姓名　法国人的姓名也是名在前姓在后，一般由二节或三节组成。前一二节为个人名，最后一节为姓。有时姓名可达四五节，多是教名和由长辈起的名字。但现在长名字越来越少。例如，Henri Rene Albert Guy de Maupassant 译为亨利·勒内·阿贝尔·居伊·德·莫泊桑，一般简称为 Guy de Maupassant（居伊·德·莫泊桑）。

法文名字中常常有 Le、La 等冠词以及 de 等介词，译成中文时，应与姓连译，如 La Fantaine（拉方丹）、Le Goff（勒戈夫）、de Gaulle（戴高乐）等。

妇女姓名，口头称呼基本同英文姓名。例如，姓名叫雅克琳·布尔热瓦（Jacqueline Bourgeois）的小姐与弗朗索瓦·马丹先生结为夫妇，婚后该女士称马丹夫人，姓名为雅克琳·马丹（Jacqeiline Martin）。

（3）西班牙人和葡萄牙人的姓名　西班牙人姓名常有三四节，前一二节为本人名字，倒数第二节为父姓，最后一节为母姓。一般以父姓为本人的姓，但少数人也有用母姓为本人的姓。例如，Diego Rodrigueez de Silvay Velasquez 译为迭戈·罗德里格斯·德席尔瓦－贝拉斯克斯，de 是介词，Silva 是父姓，y 是连接词"和"，Velasquez 是母姓。已结婚妇女常把母姓去掉而加上丈夫的姓。通常口头称呼常称父姓，或第一节名字加父姓。例如，西班牙前元首弗朗西斯科·佛朗哥（Francisco Franco），其全名是弗朗西斯科·保利诺·埃梅内希尔多·特奥杜洛·佛朗哥·巴蒙德（Francisco Pauolino Hermenegildo Teodulo Franco Bahamonde）。前四节为个人名字，倒数第二节为父姓，最后一节为母姓。简称时，用第一节名字加父姓。

葡萄牙人姓名也多由三四节组成，前一二节是个人名字，接着是母姓，最后为父姓。简称时个人名一般加父姓。西文与葡文中男性的姓名多以"o"结尾，女性的姓名多以"a"结尾。冠词、介词与姓连译。

（三）致意礼仪

1. 握手礼仪

事例

美国前总统奥巴马访日期间曾去拜会日本天皇。期间出现的一个小插曲，事后成为许多人议论的焦点。

会见那天，当奥巴马一行人抵达天皇的住处时，天皇和皇后已在门口等候迎接奥巴马。只见奥巴马下车后鞠了一个近90°的躬，并与天皇和皇后亲切握手，说："能够见到天皇，真的感到十分荣幸。"

【评析】事后很多人以为奥巴马有"卑躬屈膝"之嫌，这或许有些小题大做了。奥巴马是入乡随俗，行日本的鞠躬礼，而与此同时，日本天皇为了表示尊重，伸出手来与奥巴马相握，行的是国际通行的握手礼。天皇的礼仪和奥巴马的礼仪都没有错，之所以引发了议论，应该是不同国家见面礼仪的差别造成的。

握手是人际交往时最常用的，也是世界通行的一种礼节。它是人们在相见、离别、祝贺，以及致谢时相互表示情谊、致意的一种礼节。

握手礼仪的要点：

1）与他人握手时，双方应保持一定的距离；应注视对方，微笑致意，不要心不在焉，左顾右盼。

2）握手一般遵循"尊者决定"的原则，由女性、主人、上级、长辈等人士决定是否行握手礼。

3）握手时应使用右手。握手的力度、时间的长短往往表明对对方的热情程度。一般情况下，握手的时间以3秒左右为宜。

4）除了着军装的军人、地位高的人士，以及女士可以戴着手套与他人握手外，其他人握手时应脱去手套；女士与女士之间，也不能戴着手套握手。

5）除了残疾人、老人、身体欠佳者外，不能坐着与他人握手。

6）握手时切忌慢慢腾腾地伸手，更不能拒绝握手。

7）在多人同时握手时，忌交叉握手。

8）不要跨着门槛握手。

小贴士

握手礼的由来

据说，握手礼起源于原始社会。那时，人们在狩猎和战争时手上经常拿着石块或棍棒等武器。陌生人相遇时，如果彼此间没有敌意，大家就放下手里的武器，并且伸开手掌，相互抚摸手掌心，以示友善。中世纪时，欧洲人以此表明手中没有武器，表示友好之意。这种做法后来逐渐演变为现代的握手礼。

2. 名片礼仪

名片是现代人的自我介绍信和社交的联谊卡。

在现代社会生活中，名片的使用频率很高，也越来越受重视。人们联系业务、结交朋友时互留名片，几乎成为初次相识时必不可少的一个程序。小小的一张名片看似简单，但应该怎样用，怎么用才得体，这其中的讲究还是很多的。掌握好名片礼仪知识，可以使人在社交场所更显社交礼仪风度。

自我介绍，是名片的一项最基本的功能。在口头自我介绍时，对于所担任的职务一项，有许多人会感到为难，因为怕给人留下自吹自擂的印象，而不作介绍，或者介绍不全面，这样又不利于社交活动的展开。使用名片就可以避免这种困扰。名片可以长期保存，便于日后的联系沟通，所以说名片也是社交的联谊卡。

名片除了上述两种基本功能外，还可以替代便函、礼单，作为介绍信用于通报和留言等。

使用名片的基本礼仪：

（1）呈递名片　呈递名片时应"循序渐进"，即地位低的要首先把名片递给地位高的人；男士先递给女士；晚辈先递给长辈；下级先递给上级；主人先递给客人。或者由近而远，即先递给离自己近的。如果是圆桌，应按顺时针方向递送。

呈递名片时应用双手，正面朝上，名字正对着接受方。递送时可以说些礼貌用语，如"这是我的名片，请多关照""希望今后能够保持联系"等。

（2）接受名片　接受名片时要起身迎接或欠身，面带微笑，用双手接住名片的下方两角。接过名片后要表达谢意，并应认真地看一遍名片上的内容，还可以有意识地读出声来，以示仰慕。

要把自己的名片回赠给对方。如果自己没带或没有名片，应向对方表示歉意，并说明理由。

（3）存放名片　接过其他人的名片切不可随意摆弄或扔在桌子上，也不要随便地塞在口袋里或丢在包里。应放在西服左胸的内衣袋或名片夹里，以示尊重。

商务交往要注意及时归类整理名片。

不要把别人的名片随便丢弃或转送他人。

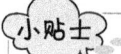

名片的起源

许多人以为名片是舶来品，其实名片最早出自中国。

西汉时，出现了名片的早期名称"谒"，东汉时叫作"名刺"，那时人们为了拜见长官或名人，就用竹片、木片制成简，再用铁器将自己的名字刺在上面。后来发明了纸，于是便改用纸质名片，并改称为"名纸"。"名纸"上除写姓名外，有的也写官衔名。在古代，官场中官员拜谒时必须使用名刺。访问人先将名刺送到被访人的门房，等门房通报主人并得到允许后，才能入内相见。普通人是不使用名刺的。

> **课堂活动**
>
> 同学之间以不同角色进行呈递名片的练习。

（四）介绍礼仪

> **课堂活动**
>
> 同学之间练习为不同角色的人做介绍。例如，将同事介绍给领导；把同学介绍给父母；把女同学介绍给男同学等。
>
> 现代生活，人际交往的范围日益广泛，初次见面，总少不了介绍，介绍自己，介绍他人。得体的介绍往往会给人留下良好的印象，因此人们又把介绍称为交际之桥。人际交往始自介绍。

1. 介绍的类型

介绍一般可分为自我介绍、他人介绍、集体介绍和业务介绍四种情况。

（1）自我介绍　自我介绍，是社交场合常用的一种介绍方式。当对方不认识你，也没有人可以为你们引见，而你又有意与其认识时，可以采用这种介绍方式。

自我介绍，主要介绍自己的姓名、单位（学校）、身份等；介绍时可同时递上自己的名片。

自我介绍时要把握好时机，内容繁简适度，实事求是，态度谦虚；时间一般以半分钟为宜。

（2）他人介绍　因场合不同，介绍人也有不同的讲究。例如，私人社交场合，应该由女主人充当介绍人；一般性公务活动，可由办公室主任、领导秘书、公关人员等专业人士充当介绍人；而来了贵宾，则应由东道主一方职务最高者出面介绍，这在礼仪上叫作规格对等，在正规场合是不能偏废的。

（3）集体介绍　集体介绍可分单向介绍和多项介绍。单向介绍，如举办演讲或报告会时，只介绍演讲者或报告人即可。多项介绍，可按照介绍的基本顺序把地位低的一方介绍给地位高的一方；面对主客关系时，因为客人有优先知情权，所以所谓地位低的一方就是主人，地位高的一方就是客人。

（4）业务介绍　业务介绍就是向其他人介绍本单位的产品、技术以及服务等业务信息。进行业务介绍时有几点需要注意：首先，要注意把握好介绍的时机，在客人毫无兴趣的情况下，仍然喋喋不休地介绍是不会有什么收获的，只能徒增客人反感而已；其次，要注意介绍的方式，介绍时可以在诚信的基础上，从"人无我有，人有我优，人优我新"的角度出发去介绍本单位的产品或服务；再次，不要为宣传自己而诋毁他人，中国的一句老话讲得好：爱说是非者，必是是非人。

2. 介绍的顺序

介绍的基本顺序是：身份、地位低的一方先介绍，身份、地位高的一方后介绍。例如，将晚辈介绍给长辈，将男性介绍给女性，将职位低的介绍给职位高的；未婚的通常先介绍给已婚的，除非前者比后者年纪大得多。

在宴会、聚会一类的场合做介绍时，主人应先向客人做自我介绍；介绍客人时，要先把晚到的客人介绍给早到的，再介绍其他在座的客人。

两对夫妇见面的时候，按照礼节一般是女性先互相致意，然后男性分别向对方的妻子致意，最后男性互相致意。

3. 介绍的注意事项

1）为他人做介绍时，态度要热情，语言要清晰明快，分寸恰当，使用敬语应抬起前臂，五指并拢，手掌向上倾斜。指向被介绍者时，不能用手拍被介绍人的肩、背等部位，更不能用食指或拇指指向被介绍人的任何一方。

2）介绍时如果是就座状态，男性应礼节性地起身，女性则可视具体情况而定。如果男性年纪大得多，年轻的女性则应礼节性地起身表示敬意。

3）在大街上打招呼，三四步远是最好的距离。与人打招呼时，切忌叼着烟卷或把手插在衣袋里。

4）有人向自己致意时必须还礼答谢。

小贴士

1. 交谈中眼神的含义

在人与人交谈过程中，眼睛注视对方时间的长短所表达出的含义是不同的。

以与他人谈话 30 分钟为例，如果只有 10 分钟以内对方是看着你的，说明他是轻视你的；如果有 10~20 分钟对方是看着你的，说明他对你是友好的；而 20~30 分钟的注视，可能说明两种情况：一是重视，二是敌视。

目光注视的位置和角度也有不同的含义。目光注视在额头上，属于公务型注视，在交谈不太重要的事情和时间也不太长的情况下适用；注视在眼睛上，属于关注型注视；注视在眼睛至唇部，属于社交型注视；注视在眼睛到胸部，属于亲密型注视。目光注视的角度也有不同的含义：平视，表示平等；斜视，表示失礼；俯视，表示轻视他人。

2. 需要避免的身体语言

当与其他人谈话的时候，不要双手交叉，身体晃动，一会倾向左边，一会倾向右边，或是摸摸头发、耳朵、鼻子等，这会给人以不耐烦的感觉；也不要一边说话一边转笔玩，或来回地按笔。这样的举动是很不礼貌的。

请记住：教养体现于细节，细节展示素质，细节决定成败。

> **课堂活动**

1. 请指出同学们在前面课堂训练活动中的不妥之处，或不符合"介绍礼仪"的做法。

2. 请为下述场景安排介绍的顺序：

某专家被电台的外勤人员接到台里做一档节目。电台的部门主管、节目导播是第一次与该专家见面，在办公室里相见时该如何为他们做介绍呢？

1）某专家和电台工作人员，先介绍哪一方？

2）电台的部门主管和节目编导，先介绍谁？

参考答案

1）先介绍电台的人，因为客人有优先知情权。

2）先介绍部门主管。介绍双方时应先介绍地位低的一方，但在介绍某一方时，顺序应由高到低。

（五）迎送礼仪

事例

晚年的周恩来总理即使在病重的时候，每天依然坚持工作，还要接待外宾。后来，周总理的双脚开始水肿，原先的鞋子都穿不进去了，平时在家中只能穿拖鞋。一次他需要出席一个重大的外事活动，为穿鞋的问题犯难了。他身边的工作人员见状，劝他说："总理，您就穿着拖鞋接待外宾吧，那样做，外宾也是能理解的。"

周总理立刻摆了摆手，委婉而又坚决地拒绝了工作人员的建议："不行，不行，接待外宾，要讲究礼貌嘛！你要懂得，在社交场合，就是不能放纵自己，不能太随便。我不能为了自己的舒服，而忽略了应有的礼节啊！"

后来，工作人员专门为他特制了一双很大的鞋，让他在接待外宾时穿。

【评析】周恩来总理可谓是中国现代交际礼仪当之无愧的楷模。他知道，作为一位国家领导人，在涉外场合的行为举止，不仅仅是一种私人行为，更会产生一定的对外影响。周总理的伟大，不仅在于他为人类做出的杰出贡献，也在于他的高度自律。人们尊称他为中国杰出的人际交往艺术大师，是我国的礼仪大使、形象大使，他得到了全世界人民的尊重和爱戴。

> **事例**
>
> 相传东汉时期有一个"倒屣相迎"的故事,说的是东汉时期的大学问家蔡邕,他是蔡文姬的父亲,文史、辞赋、音乐、天文无不精通,官任皇室右中郎将,人称"人学显著,贵重朝廷,常车骑填巷,宾客盈座"。但他从不摆架子,从不傲慢,很善于和人交往,好朋友很多。有一次,他的好友王粲来拜访,正逢蔡邕睡午觉。家人告诉他王粲来到门外,蔡邕听到后,迅速起身跳下床,急急忙忙踏上鞋子就往门外跑。由于太慌忙,他把右脚的鞋子踏到了左脚上,把左脚的鞋子踏到了右脚上,而且两只鞋都倒踏着。当王粲看到蔡先生是这么个模样,便抿着嘴笑起来。由此便有了"倒屣相迎"之说,借以比喻对朋友的热情与诚意。

【评析】我们知道,通常情况下待客时衣装不整是不合礼仪的,但这个故事也告诉我们,拥有一颗谦逊、热情、有诚意的待客之心,应该比衣冠楚楚更重要。

迎来送往,是社会交往活动中最基本的形式和重要的环节,是表达主人情谊、体现礼貌素养的重要方面。尽地主之谊,为客人提供方便,让客人高兴而来,满意而归,是密切往来、增进感情的有力保障。

迎送礼仪,是常见的社交礼节。迎送活动的规格有高低之分,仪式有简繁之别。迎送的对象,其来访的性质有专程前来的,也有顺道路过的;其职务级别有高的,也有低的;其人数有多人的,也有一人的。接待中通常根据其身份地位、来访性质及其与当地的关系等因素,安排相应的迎送活动。

1. 接待的准备

(1)了解客人的基本情况 接到来客通知时,首先要了解客人的单位、姓名、性别、职业、级别(职务)、人数等;其次要掌握客人的意图,了解客人的目的和要求,以及在住宿和日程安排上的打算;再次要了解客人到达的日期、时间、所乘车次、航班等信息,然后据此做好相应的准备工作。

(2)确定迎送规格 要按照身份对等的原则安排接待人员。对较重要的客人应当安排身份相当、专业对口的人士出面迎送,也可以根据特殊需要或关系程度,安排比客人身份高的人士破格接待。对于一般客人,可由公关部门派遣有礼貌、言谈流利的人员接待即可。

(3)布置接待环境 良好的环境表示对来宾的尊重与礼貌。接待室的环境应该明亮、安静、幽雅,应配置沙发、茶几、衣架等,还应适当点缀一些花卉盆景、字画,放置几份报纸杂志和有关本单位的宣传资料供客人翻阅。

（4）做好迎宾安排　要根据来宾的人数、级别等按时安排好迎宾车辆，预先为客人准备好客房及膳食。若对所迎接的客人不熟，还需要准备迎宾牌，写上"欢迎×××先生（女士）"以及本单位的名称。若有需要，还可准备鲜花等。

2. 接待的程序

（1）食宿安排　可以在客人尚未抵达前就安排好食宿。根据客人的民族习俗、身份及要求等，本着交通便利、吃住方便的原则，制订具体的计划。要注意食宿环境的整洁、安静，房间中的设备要齐备，服务质量要让来宾满意等。

（2）迎接客人　按照事先确定的接待规格，安排接站（机、船）工作。迎接时主人应率先向来宾握手致意，表示欢迎。

（3）安顿客人　客人抵达后，应先安置其休息。若是本地来宾，可在单位会议室或接待室稍作休息，并提供茶水、水果等。如果是远道而来的客人，应先把客人引进事先安排好的客房休息。

（4）协调日程　客人食宿安排就绪后，对于一般客人，可由接待人员出面协调活动日程。对于重要客人，应由领导出面进一步了解客人的意图和要求，共同协商活动的具体日程。最后根据确定的活动内容、方式等印发活动日程，并分发至每一位客人手中。接待人员向来宾告别前，应把就餐地点、时间告诉客人，并留下彼此的联系方式，以便随时联系。

（5）组织活动　要按照日程安排，精心组织好各项工作和活动，对客人提出的意见要及时向领导反馈，对客人提出的要求应该尽可能满足。

（6）安排返程　了解客人返程的时间后，要及早预订机票、车（船）票，安排送行人员和车辆。到达车站（机场、码头）后，要妥善安排好客人的等候休息，等客人登车（机、船）后方可离开。

> **事例**
>
> 　　1962年，周恩来总理到西郊机场为西哈努克亲王和夫人送行。亲王的飞机刚起飞，我国参加欢送的人群便自行散开，各自找车准备返回，而周总理这时却依然笔直地站在原地未动，并要工作人员立即把那些登车的同志请回来。这次周总理发了脾气，他狠狠地批评道："你们怎么搞的，没有一点礼貌！外交使节还在那里，飞机还没有飞远，客人还没有走，你们倒先走了。大国这样对小国客人不是搞大国主义吗？"当天下午，周总理就把外交部礼宾司和国务院机关事务管理局的负责同志找去，要他们立即在"礼宾工作条例"上加上一条，即今后到机场为贵宾送行，须等到飞机起飞，绕场一周，双翼摆动三次表示谢意后，送行者方可离开。

【评析】所谓"礼",是以得当的态度和行为来表示对他人的尊敬,是内心的尊重外化于形表。对他人没有足够的尊重,或是对礼仪规范知之甚少,都会被人看成"不懂礼数",所以要想成为一个能够"以礼服人"的有识之士,必须好好地学习礼仪规范。

> **小贴士**
>
> 1. 在单位内部不同场所为来宾领路时,应该留意的礼仪要点
>
> (1) 在走廊里 主人应走在客人前面两三步远的地方。让客人走在走廊中间,转弯时先提醒客人:"请往这边走。"
>
> (2) 上楼梯时 先说要去哪一层楼,上楼时让客人走在前面,一方面是确认客人的安全,另一方面也表示谦卑,不要站得比客人高。
>
> (3) 乘电梯时 必须是主人引导客人上、下电梯。主人应先进入电梯,按住开关,先招呼客人,再让本单位的人上电梯。出电梯时刚好相反,主人按住开关,请客人先出电梯,自己再走出电梯。如果上司在电梯内,则应让上司先出,自己最后再出电梯。
>
> 2. 迎送礼仪中小轿车的座次安排和陪车要点
>
> 1) 乘坐由专职司机驾驶的轿车时,其座次自高而低为:后排右座,后排左座,后排中座,前排右座。
>
> 2) 当主人驾车时,其座次自高而低为:前排右座,后排右座,后排左座,后排中座。
>
> 3) 接待人员如果陪客人同乘一辆车时,要首先为客人打开轿车的右侧后门,并以手掌挡住车门框上沿,提醒客人不要碰头。等客人坐好后,方可关门。最后,接待人员应绕过车尾从左侧后门上车。
>
> 如果客人随便坐在了哪个座位上,那么这个座位就被视为上座,接待人员不要去纠正。
>
> 3. 会谈座位的安排
>
> 会谈座位的安排,一般是依照西方惯例,使用长方形、椭圆形或圆形的桌子,宾主相对而坐,以正门为准,主人以背向门落座,而让客人面向大门。其中,主要会谈人员居中,其他人按照礼宾顺序左右排列。

| 课堂活动 |

1. 你知道在公务接待中,副驾驶座一般坐的是什么人吗?
2. 如果你是主人,陪同多位客人出入电梯,你是后入先出,还是先入后出?为什么?
3. 宾主见面,先介绍客人,还是先介绍主人?

参考答案

1. 在公务接待中,副驾驶座是随员座位,坐的一般是翻译、保镖、秘书等,是带路、陪客人的人。

2. 先入后出。这样做安全、方便。主人先进入电梯可以使客人避免受到诸如电梯没到位等事故所带来的危害。另外,在无人值守的电梯间,主人先进入电梯,方便操控电梯的开关门和升降,可以避免夹住客人,或把客人关在了外边等尴尬状况的发生。

3. 标准做法是先介绍主人。因为客人有优先知情权,这是对客人的尊重。

（六）电话礼仪

电话礼仪，即人们在交往过程中使用电话进行联系、沟通时应当遵守的礼仪规范。

电话是现代交际活动的重要通信工具，是人际沟通的桥梁。人们在享用电话所带来的便捷与快乐的同时，也时常陷入电话所带来的烦恼。公共场所旁若无人地高声通话、深更半夜响起的电话铃声以及各种推销电话等，相信很多人都曾为此烦恼过。电话运用得好，可以助人顺利、助事业成功；运用得不得体，也许会成为交往中的绊脚石。

有人说，人有三张"脸"，一张脸是他现实的脸，一张"脸"是他的字，再有一张"脸"是他的声音。一个人音质的好坏是天生的，但他的声音听起来是否热情、真诚，语言表达是否得体，这是后天可以掌控的。一个电话，可能会成为人与人之间，客户与商家之间沟通、交往的起点，也有可能会成为一个终点。人们使用电话并不仅仅是一个信息传递的过程，它还在很大程度上体现着通话者个人的修养和工作态度，进而折射出一个部门、一个单位的整体形象。由此可见，一个人、一家企业对自己的"电话形象"不可以不注意。良好的电话形象不仅是对通话对象的尊重，而且也是对本人及本单位、本部门形象的塑造与维护。

> **事例**
>
> 一天，张先生家的电话响了，张先生的爱人方女士拿起了电话。"请问，张先生在吗？"电话里传来的是一位年轻女子的声音。方女士立刻提高了警惕："你是谁啊？哪个单位的？你找他有什么事吗？你怎么知道我们家电话的？"打电话的女子一听到这一通问话，顿感不快，有一种被污辱了的感觉，她马上说道："没什么事，不用找了！"随即挂断了电话。

> **事例**
>
> 一位小伙子在公共汽车上与他的朋友通着电话。他们的话题从吃饭聊到游戏再到工作。说到工作时，小伙子除了讲到他是如何与单位领导"对着干"的，还对一位同事进行了讽刺、挖苦。一路上，小伙子旁若无人，说得兴致勃勃，令车上的其他乘客不禁侧目而视。

【评析】在上述事例中，方女士"刨根问底"式的说话方式一来显得不礼貌，同时也坦露出自己内心的隐忧，易使通话者对她及她的先生产生不好的印象；同样公共汽车上小伙子的做法也非常不得体，他旁若无人地长时间通话，对周围的人是一种噪声干扰，而且他在背后议论领导、同事的做法也同样犯了忌讳，是缺乏修养的表现。

1. 电话礼仪的基本内容

对于电话礼仪的内容要点，可以从通话的准备、态度、语言和时间等几个方面去加以把握。

（1）通话的准备　不打无准备的电话。拿起电话前，应明白通话时该说什么，思路要清晰，要点应明确。

如果是公务电话，通话之前最好核对一下对方的单位名称、电话号码、接电话人的姓名等信息；写出通话的要点或询问的要点；准备好记录用的纸、笔，以及可能用到的资料、文件等。

（2）通话的态度　不论是接听，还是拨打电话，都要尊重通话对象，态度文明、礼貌。

在通话过程中，要全神贯注，仔细聆听对方的讲话，及时应答，积极反馈。如果需要自己帮忙代转电话，应热情周到。最好用笔记录下需要代转的主要内容。

通话过程中信号如果突然中断，拨打方应立即重拨，并说明原因，不能不了了之，或等对方拨打过来。

若拨错电话，应致歉意；如是对方打错了，应予以宽容。

（3）通话的语言　使用电话的过程，实质上是用语言进行交流的过程。电话用语要言简意赅，把自己要说的事用最简洁、明了的语言表达出来；音量要适中，以对方听得清晰为准。

通话中要使用礼貌用语。打电话要坚持用"您好"开头、"请"字在中、"谢谢"收尾。若自己要找的人不在，需对方转告时，要使用如"对不起，麻烦您转告……"等语句，最后问清对方的姓名，并致谢。

接听电话时切忌一开口就查问对方"喂，你找谁""你是谁""你有什么事"等。

（4）通话的时间　拨打电话，除紧急情况外，一般不宜在早晨 7:00 之前、吃饭的时间、晚上 10:00 之后；有午休习惯的人，也不宜在午休时段去打扰对方；此外，节假日也尽量不去打扰。

电话交谈持续的时间，一般以 3~5 分钟为宜。发话人应当自觉、有意识地控制通话的时间。

接听电话应迅速，要做到响铃不过三声。很多国外的大公司有条规定，如果来电是铃声响过六声以上才接听的，第一句话要说：抱歉，让您久等了。

> **课堂活动**
>
> 二人一组模拟：只有你一个人在办公室里，此时，电话铃响了。电话是你领导的朋友打来的，他想邀请你的领导晚上一起去欣赏话剧。你接了电话。请注意电话礼仪。其他同学简评二人的表演。

2. 正确使用手机的礼仪

除遵守上述电话礼仪外，人们在使用手机时还应注意以下几点：

1）在加油站、医院、飞机上不得使用手机；在会场、影剧院等场所，应关机或将铃声处于静音状态。

2）驾驶车辆时接听电话，按规定应使用耳机。

3）如需在电梯内、车厢中、餐厅里等公共场所以及正式活动过程中使用手机，应起身迅速离开，在不影响他人的地方接听。不得不当众使用时，应向周围的人道歉。不能一边与其他人交谈，一边接听手机。

4）若有未接来电，应及时回复；更换了手机号码要及时告知自己的重要交往对象，确保联络畅通。

5）不用手机讨论机密事件或个人隐私。

6）不通过手机短信传播低俗、污秽、虚假、违法信息。

7）手机一般应放在公文包、坤包里，不宜挂在脖子或腰带上。

3. 手机铃声的使用礼仪

（1）个性化的铃声要注意使用的场合　在办公室和一些严肃的场合，不断响起"狗叫声"，或"爸爸，来电话了"之类的彩铃就不合适了。

（2）铃声的内容不能有不文明的内容　例如，"有话快说，有屁快放"之类的语言，就不应出现在彩铃中。

（3）铃声不能给公众传递错误的信息　相传曾有一位游客将"抓贼呀，抓贼呀，抓偷手机的贼"作为自己的手机彩铃，结果在海口街头就引来了巡逻的警察，闹得虚惊一场。

（4）铃声的选用要与使用者的身份相匹配

（5）铃声的音量不能过大　铃声的大小通常是以离开座位 2 米可以听到为宜。

总之，遵守电话礼仪规范，文明使用电话（座机、手机），不仅可以展现良好的个人素养和单位形象，也有助于人与人之间的交流、沟通。

小贴士

1. 有关"转接电话"的专家观点

转接电话不仅是帮忙叫人和记录来电者姓名和电话号码，它实际是一个如何处理好自己与来电者、自己与要接电话者之间关系的重要表现。一方面要清楚有效地把电话转接出去，另一方面不能给来电者留下不良印象，也不能给要接电话者带来麻烦。总之，转接电话时应把握好说话的分寸。

2. 使用公共电话应注意的礼仪

1）打公共电话要速战速决。

2）私密话、政务、商务等话题如有保密需要时，不宜使用公共电话。

3）使用公共电话要轻拿轻放，爱护公共设施是每个人的责任。

4）打公共电话时要注意自己的语气、态度，避免给他人带来困扰。

5）打公共电话时要能够换位思考，懂得自我约束。

相关链接

个性彩铃让她丢了工作

一家公司的业务主管方小姐因自己的手机彩铃播放了"我不接、不接，就不接……"的歌词，惹恼了公司的重要客户，致使数十万元的业务"泡汤"，她也就此含泪告别了月薪万元的岗位。

事情的经过是这样的，方小姐喜欢使用各种彩铃，一次她听到了"我不接、不接，就不接……"的歌词后，觉得很有趣，就下载了这段彩铃。

方小姐换了彩铃后不久，其所在的公司与一家客户开始洽谈一笔近 50 万元的业务，公司安排方小姐负责与对方联络。在决定由哪家公司接这笔生意的那天早上，客户想与方小姐所在公司的总经理见个面，于是打手机通知方小姐。

由于手机的信号不好，客户连续打了 5 次都因为话音不清晰而被迫中断，每次通话中断后重新再拨，手机中听到的就是"我不接、不接、就不接……"的声音。那家客户的老总最终被惹烦了，拒绝再与方小姐联系。第二天，方小姐所在的公司得知这笔业务已经落入了他人之手。公司认为，方小姐由于手机使用不当，致使公司蒙受了损失，于是按公司规定辞退了她。

课堂活动

1. 打电话时，通话双方应该由谁先挂掉电话？

2. 如果来电要找的人不在，对方有留言需要你帮忙转告时，你必须记下的内容应该有什么？

3. 在办公室里，电话铃已经响过五遍，小吴才慢吞吞地拿起听筒，但不巧这是一个打错了的电话，小吴什么也没说就"啪"的一声挂断了电话。

请分析小吴的做法有什么不妥之处。

4. 请自选三个传统的中国节日，并分别为其编写一段祝福短信，编写完成后在班里进行交流，或进行一次评比活动。

参考答案

1. ①一般情况下，由拨打电话的一方先挂掉电话；②在与领导、长辈或者客户通话时，无论拨打方是谁，都要等对方先挂断电话。

2. ①何时何人来的电话；②有何要事；③是否需要回电话；④回电话要找的对象是谁，如何称呼；⑤对方是否再打过来；⑥对方电话号码等。

3. 有来电时应迅速接听，一般不让铃响超过三次；接到打错的电话应宽容，态度也应和蔼、亲切。

4. 略。

（七）探望礼仪

当亲戚、朋友或同事患病时前往探望，表达慰问是传递友情和关怀之情的一种最佳方式。这是一项较为特殊的交际活动。

去探望病人时，人们都是怀着一片好意，但是在探望过程中，如果有不适宜的举动或不恰当的言辞，就有可能让这份好心半途而废，甚至是事与愿违。因此，在探望病人时一定不能忽视一些看似细微却又很关键的问题。

具体地讲，探望时应注意以下几个方面。

1. 探望的时机

首先，探望病人时，客人最好事先征求病人或家属的同意，并应选择适当的时机，尽量避开病人休息和医疗的时间。由于病人的饮食和睡眠比常人更为重要，所以不宜在早晨、中午、深夜以及病人吃饭或休息等时间前往探视。一般认为，下午 2:00~4:00 探望病人比较合适。如果是探望住院的病人，应在医院规定的时间内前往。若病人正在休息，应不予打扰，可稍候或留言相告。

探望病人的主要目的是要充当"社会护理"角色，给予病人一些安慰，或必要的帮助，因此停留的时间不宜过长。通常，一次合理的探望时间应该控制在 30 分钟以内。

如果病人精神较好，或颇感寂寞，在其挽留下多待一会儿是可以的，但最好不超过 1 小时。若病人身体欠佳，或是医护人员特别关照"不宜长谈"，探望时间 5~10 分钟即可。

2. 探望的礼仪

探望病人时，客人不宜穿着过于鲜艳或款式新潮的服装，女士也不适宜化浓妆。

要注意言行举止得当。在病人面前，表情应当自然、亲切、冷静，不要愁眉苦脸、故作沉重，也不要显得过于担心，这样会使病人思绪烦乱，不利于康复。

与病人谈话时，一般应先询问病人的身体状况以及治疗效果。在病人讲述病情时，要认真听，不要心不在焉，左顾右盼；如果病人的病情需要保密，不要和病人一起去乱猜，如果已知道应保密的病情，绝不能对病人进行暗示。

在谈话的内容上，针对患者的焦虑心态要多说一些轻松、宽慰的话，以利于其减轻精神负担；要注意避免谈论可能刺激对方或有关忌讳的话题。不要对医生的水平、治疗方法及用药等妄加评论；不要向病人介绍道听途说的偏方、秘方，不推荐未经临床实验的药物。

告别时，一般应谢绝病人送行，询问病人是否有事相托，并祝其早日康复。

在探望传染病患者时，见面及临别时不要握手，以免引起传染。

3. 探望的礼物

按照日常的习惯，客人探望病人一般都会带去一些礼品，以示慰问。

礼物的选择，应以有利于病人尽快康复为原则。可在探望病人之前，先了解病人所患的病种，再根据具体情况选购。鲜花、水果、书籍、小玩具等都可以成为受欢迎的礼物。

> **小贴士**
>
> 1. 探望病人时送礼的讲究
>
> 探望病人时，有些人喜欢给病人送滋补品或保健品，其实，这样做不太恰当，因为病人正在治疗期间，每日要按时服药或进行针剂注射，并不适合服用补品。送给病人的礼物以鲜花或小小的盆景为宜。一般来说，玫瑰、康乃馨、满天星、百合等花卉品种是送给病人的不错选择，不宜选择的是清一色的白花和黄花等。
>
> 送鲜花也是十分有讲究的，一要注意不送香味太浓或颜色太浓艳的花给病人，以免引起病人的不适；二要注意在探视呼吸道疾病、过敏性疾病、有伤口或免疫力低下的病人，如烧伤、外伤、刚动过手术（尤其是器官移植手术）的病人时，不要携带鲜花。
>
> 2. 探望时怎样进行慰问
>
> 1）慰问病人，要安慰对方"既来之，则安之"，积极配合医生的治疗。
>
> 2）慰问逝者的家属，要劝慰家属节哀顺变，保重身体，让逝者在九泉之下安心。
>
> 3）慰问受挫者，应当勉励对方坚持到底，百折不挠。
>
> 4）慰问生活困难者，对他们的关怀，既要有实际行动，又要平易近人，不要让对方在人格上感受到不平等，好像被人赏赐一般。
>
> 5）慰问受灾者，要从生活上为之排忧解难，还可以宽慰对方往长远看，并尽可能协助对方重整旗鼓。
>
> 慰问时态度要诚恳，言行举止要得当，不能对人家的遭遇、病情等表现出过分惊讶。由于对方正处于患病期间或是特殊的心理状态下，一般会比较敏感，因此，表达对对方的关心和爱护要适度，一旦过分可怜对方则会让其产生反感。

（八）就餐礼仪

我国人民素来讲究"民以食为天"（《汉书·郦食其传》）。中华饮食文化源远流长，而作为礼仪之邦，就餐礼仪自然成为饮食文化的一个重要组成部分。

据说，中国的就餐礼仪始于周公，今天被大家所普遍接受的那些就餐礼仪，就是在古代饮宴礼仪的基础上不断演进发展来的。就餐礼仪因宴席的性质、目的的不同而不同；不同地区的就餐礼仪也是千差万别。古代的就餐礼仪大致是按阶层划分的，宫廷、官府、行帮、民间等各有讲究。而现代的就餐礼仪则因餐别的不同（中餐、西餐）、宴请的形式不同（宴会、招待会、工作餐等），或宴请的层次、规格不同（国宴、正式宴会、便宴、家宴等）有所区别。

现代社会生活中的宴请活动，已经成为人际交往中的一种重要形式，因而就餐礼仪的重要性也就不言而喻了。

课堂活动

请同学们看看下面小故事中主人公的做法有哪些不妥之处。

1. 赵先生与王先生是初中同学，两人多年没有联系了。一日在街上偶然相遇，赵先生盛情邀请王先生与夫人到家中做客。几天后，王先生与夫人如约而至。赵先生的夫人准备了一桌丰盛的饭菜招待客人。席间王先生吃得津津有味，只不过偶尔有肉塞进了牙缝。王先生当众用牙签剔除滞留在牙缝中的肉，还将剔出来的肉吐在了烟灰缸里……

2. 姚姑娘性格外向，平日里大大咧咧。有一天到男友家做客，男方母亲根据儿子提供的信息，为未来的儿媳妇准备了丰盛的饭菜。"这个好吃，那个不好吃。"姚姑娘口无遮拦地评价着，还不断用筷子翻动着碟子中的菜，"这块大的给您吃！这块给你吃。"姚姑娘还把挑拣出来的大块鸡肉，先给未来的婆婆，再给男朋友。饭后，婆婆给儿子发了话，这样的儿媳妇不娶也罢。

参考答案

1. 牙签应在万不得已时使用。使用牙签剔牙时，应用手掌在前面遮挡一下。

2. 用餐时不能非议菜肴，否则意味着对主人的不满；夹菜时应从盘子靠近或面对自己的盘边夹起，不能在盘子里翻来翻去。

---

1. 就餐礼仪常识

（1）**接受邀请** 当收到赴宴的请柬时，无论是去，还是不去，都应及时回复。接受邀请后，一般不要随意变动，如确有特殊情况不能赴约时，应及时有礼貌地向主人解释并表达歉意，切不可不赴宴又不做任何解释，那是极不礼貌的。

（2）仪表修饰　盛大的宴会，主人一般会在请柬上注明应该穿何种服装。在欧美国家，参加正式宴会时的着装是非常讲究的，不可忽视。参加普通的宴会，则以整洁、美观为宜。

（3）入席　赴宴者应遵守时间，既不要过早，又不要迟到，可以比约定的时间早到一会儿。到达就餐地点后，应先向主人问候、致意，并向其他来宾打招呼。座席的位置应听从主人的安排，不可随便乱坐；落座时，应等主人夫妇，或同桌的长者、女士就座后，自己再从座椅的左侧入座。

如需拖拉座椅，动作宜轻，不要有蹭地板的声音。另外，入座后姿势要端正，脚踏在本人座位下，不可任意伸直，手肘不得靠在桌沿上，或将手放在邻座背上。

（4）餐桌上的一般礼仪　在餐桌上不能只顾着自己吃喝，也要注意关照别人，尤其是座席两侧有女宾的时候。

口内有食物时，应避免说话；自己手上持有刀、叉，或他人在咀嚼食物时，也应避免跟他人说话或敬酒。

用餐时需小口进食，举止文雅，从容安静。好的吃相是食物就口，不要用口去就食物。已经吃进口的东西，不能吐出来，如是滚烫的食物，可喝水或果汁缓解。食物带汁，不能匆忙送入口中，否则汤汁滴在桌布上，极为不雅。

取菜舀汤时，应使用公筷公匙。自用的餐具不可以伸入公用餐盘夹取菜肴。

如欲取用摆在同桌其他客人面前的调味品时，可以请邻座客人帮忙传递，不可以伸手横越，长驱取物。

喝酒宜各自随意，敬酒以礼到为止，切忌劝酒、猜拳、吆喝或用酒杯敲击玻璃转盘"过电"。

用餐时应避免非议菜肴，否则意味着对主人的不满；如果宴席享用的是主人亲自烹调的食物，不要忘记向主人表示赞赏。

如吃到不洁或有异味的食物时，应轻巧地用拇指和食指取出，放入盘中；倘若发现盘中的菜里有昆虫或异物时，也不要大惊小怪，应等待侍者走近，轻声告知侍者更换。

切忌当众用手指掏牙。确需剔牙时，应使用牙签，并用手或手帕遮掩。席间要吐痰、擤鼻涕时，最好去洗手间；遇上打嗝、咳嗽、打喷嚏时最好用餐巾或手帕捂住嘴，并把脸转向侧方，过后再道声"对不起"。

用餐完毕，餐具务必摆放整齐，不可凌乱放置。餐巾应折好，放在桌上。

（5）离席　用餐完毕，应待男女主人先站起来，其他宾客才能起身。

离席时，应招呼邻座长者或女士，帮忙拖拉座椅。

此外，要向主人表达谢意。

2. 宴席座位安排中的礼仪

（1）桌次的安排　在人际交往过程中，人们除了会被宴请，也会有机会充当东道主来宴请别人，那么掌握一些宴请安排的礼仪也就非常必要了。

一般的宴会，除自助餐、茶会及酒会外，主人必须安排客人的席次。中餐宴会的习惯是使用圆桌，西餐是使用长桌。桌次的安排常常根据宴会厅的形状来确定，排列的原则一般遵循：左中右结构，居中为上；左右结构，以右为上；距离房间正门越远的，桌次越高。

（2）席位的安排　席位的高低与桌次的高低原理基本相同，即右高左低。主人坐定后，他的右侧为主宾位。按照国际惯例，座席一般采用男女分座的安排。我国习惯上按照职务高低来安排席位，以便于交谈。如果有夫人或女士出席，通常把他们安排在一起，主宾坐在男主人右方，主宾夫人坐在女主人右方。座位的末座，不安排女宾。

3. 西餐礼仪常识

> **事例**
>
> 据说这是李鸿章去德国时发生的一件事。李鸿章应德国首相俾斯麦之邀前去赴宴，由于不懂西餐礼仪，他把一碗洗手用的水端起来喝了。当时俾斯麦不了解中国虚实，为不使李鸿章丢丑，他也将洗手水一饮而尽，见此情形，其他文武官员只得忍笑奉陪。

【评析】东方与西方的进餐习惯多有不同，特别是正式的西餐宴会，规矩颇多。随着国际往来沟通的日益频繁，了解一些西方国家的就餐礼仪还是很有必要的，知己知彼才能充满自信地去应对各种局面。

西餐主要是对西方国家菜点的统称，以法式、英式、美式、俄式为代表菜式。

在西式宴会中，女主人是宴会中真正的主人，客人必须时刻注意她的举动，以免失仪。宴会开始后，每一道菜上来时，一般要经女主人让菜，才开始进餐。

正式的西餐宴会，往往上六道左右的菜，顺序一般是：开胃菜、汤、鱼、肉、水果和甜食、咖啡或红茶。不过现在西餐宴会也有简化的趋势，只上两三道菜的宴会也是有的。

刀、叉是西餐餐具的主角，其使用方法是：右手持刀，左手持叉，将食物切成小块，然后用叉送入口内。就餐时按刀、叉顺序由外向里取用。每道菜吃完后，可将刀、叉并排放在食盘上面，以表示不吃了。如未吃完，一会儿还将继续享用，就要把刀、叉摆成八字或交叉置于食盘上，刀口应向内。

前面事例中所提到的李鸿章喝下去的"水"，那是在上龙虾、肉、水果等菜品时送上来刷洗手指用的洗手水，水里还会漂着柠檬片或玫瑰花瓣，千万不能当成饮料喝下。用其洗手时，动作不能太大，洗后也不要乱甩。

进食西餐时还要注意各种菜式的习惯吃法，如吃肉时通常有两种方式：欧洲人习惯边切边吃，而美式吃法是用刀切割完后，把刀放在食盘右侧，单用叉子取食；面包可以用手撕着吃等。取食物时，仅用拇指和食指，食后可用餐巾拭手；吃甜点时使用点心叉和匙。

宴会结束时，主人首先站起来，宣布散席。无论是离席或入席，男宾都要帮助女宾拉椅子。离席后，应等待女主人出门送客，才可握手言别。

> **小贴士**
>
> 1. 不要把筷子竖插在盛有食物的碗或盆里
>
> 用餐时，如果把筷子竖插在盛有食品的碗或盆里往往会受到家里老人的阻止或呵斥，这是为什么呢？原来这是用筷礼仪中的一条忌讳。中国自古以来就有以食品祭祖的风俗，祭祖时，考虑到去世的人和活着的人不一样，逝者的灵魂飘游于冥界，不再能自如地使用筷子，所以，在祭品的碗或盆里竖插了筷子，以方便其取用。而在现实生活中如果将筷子竖插在盛有食物的碗或盆里，就犯了忌讳。
>
> 2. 饮酒时的一般礼仪
>
> 通常情况下，不管你是否会喝酒，在主人的盛情之下还应该将面前的杯子倒满，不要生硬地拒绝他人的敬酒，或用手蒙在杯子上坚决不喝。
>
> 主人应先为主宾斟酒，若有长辈、首长、远道的客人，应先为他们倒酒。如果没有，应按顺时针方向依次倒酒。斟酒时要满，但不能溢出来。主人为自己倒酒时，应以手扶杯或欲扶杯表示恭敬和致谢。
>
> 正式宴会，主人均应敬酒。敬酒时应目光对着对方，面带微笑，以简短、合乎酒席的话祝酒。会饮酒的客人，应回敬主人。
>
> 对不胜酒力的宾客和开车朋友，不应劝酒。

相关链接

1. 在宴席上最让人开胃的就是主人的礼节。

——莎士比亚

2. "让他们吃饱了再走"。

20世纪60年代，中国和苏联的论战开始以后，双方在各自举行的国宴上发表的正式讲话中常有批评对方的言论。于是在宴席中出现了苏联和一些东欧国家的使节离席抗议的情景。当时，中方的习惯做法是把讲话安排在上热菜以前。周恩来总理注意到，每当有"离席事件"发生，这些使节在离席时几乎是饿着肚子走的。于是他指示礼宾司，以后讲话放在上第三道热菜之后，"让他们吃饱了再走"。虽然"中苏论战"早已成为历史，但我们可以从这一事例中体会到周总理在礼宾工作中的细致入微。

| 课堂活动 |

1. 排列桌次的顺序

请在图一至图四的圆圈中，用阿拉伯数字标注出桌次的高低。

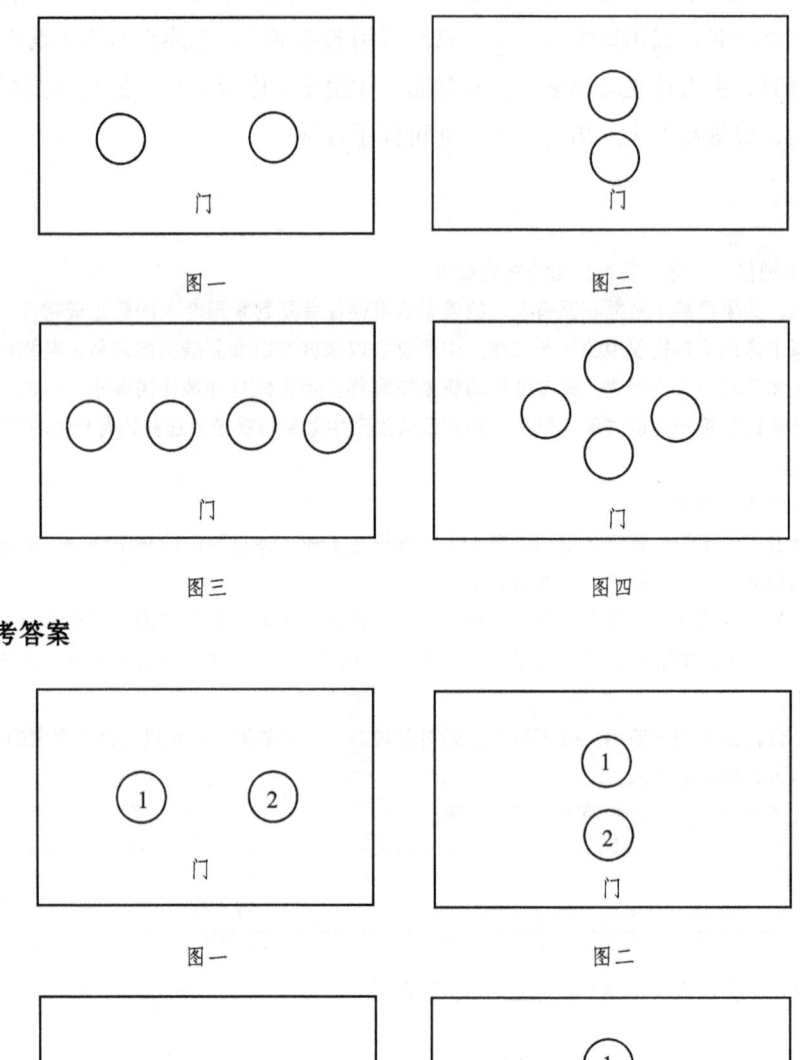

参考答案

2. 排列席位的顺序

把下图中的圆圈想象成是一张餐桌，请在图一的圆圈周围，按由高到低的顺序，用阿拉伯数字1~8标注出席位位置；请在图二的圆圈周围，按由高到低的顺序，用阿拉伯数字1~9标注出席位位置。

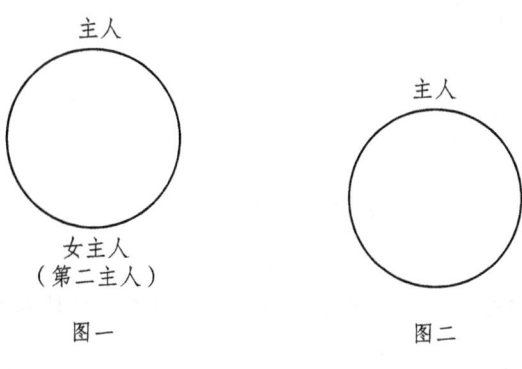

图一　　　　　　图二

参考答案

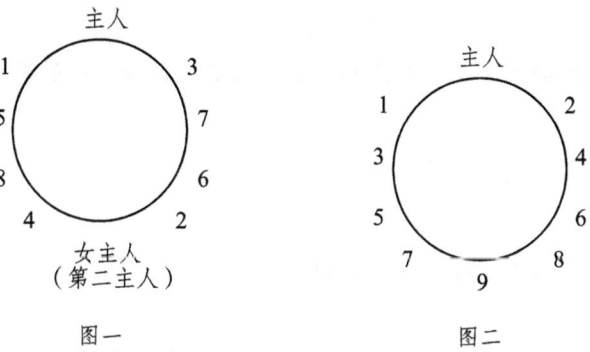

图一　　　　　　图二

相关链接

有关礼仪的名言

1. 礼仪不良有两种：第一种是忸怩羞怯，第二种是行为不检点和轻慢。要避免这两种情形，就只有好好地遵守下面这条规则：不要看不起自己，也不要看不起别人。

——约翰·洛克

2. 世界上最廉价，而且能得到最大收益的一项物质，就是礼节。

——拿破仑·希尔

3. 在人与人的交往中，礼仪越周到越保险。

——托·卡莱尔

4. 知识使人变得文雅，而交际使人变得完善。

——乔·富勒

5. 谦恭有礼，人人欢迎。

——托马斯·福特

6. 凡人之所以贵于禽兽者，以有礼也。

——《晏子春秋》

7. 无礼是无知的私生子。

——巴特勒

8. 国尚礼则国昌，家尚礼则家大，身有礼则身修，心有礼则心泰。

——颜元

9. 彬彬有礼的风度，主要是自我克制的表现。

——爱迪生

10. 礼貌是儿童与青年所应该特别小心地养成习惯的第一件大事。

——洛克

11. 怀着善意的人，是不难于表达他对人的礼貌的。

——卢梭

12. 礼貌使有礼貌的人喜悦，也使那些受人以礼貌相待的人们喜悦。

——孟德斯鸠

13. 礼貌周全不花钱，却比什么都值钱。

——塞万提斯

14. 有两种和平的暴力，那就是法律和礼貌。

——歌德

15. 生活里最重要的是有礼貌，它比最高的智慧，比一切学识都重要。

——赫尔岑

16. "不学礼，无以立。"

——《论语》

17. "君子敬而无失，与人恭而有礼，四海之内皆兄弟也。" ——《论语》

第五章　沟通方法

一、有效倾听

> **事例**
>
> 　　第二次世界大战后,一个罪大恶极的法西斯分子潜逃在外,一直未落入法网,缉捕工作很艰难,时间也持续了很久。一次,在一个小餐馆里,一位特工人员在等候用餐。在这位特工人员的对面坐着一个男子,他一面静静地等候,一面用手指若无其事地轻轻敲点着桌面。他戴着礼帽,鼻梁上架着一副深茶色的眼镜。眼镜将他的目光隐隐遮住,他的样子看起来很平和。
>
> 　　"笃笃,笃笃,笃笃笃,笃",那位特工听着听着,突然心里涌动一股强烈的情绪:那男人轻轻的敲点声,竟然如此令他仇恨、恐怖和难以忍受,并且他对此又是那样的熟悉。平时喜爱音乐此时帮了他的大忙,凭着他那颗警惕的心和特殊的感觉,他断定那男子正在心中默默地唱着纳粹分子的军歌。这个有顽固残暴本性的人,肯定就是一直被追捕的纳粹分子!结果正如那位特工所分析的一样,纳粹分子由于这点小小的极难被人察觉的疏忽而暴露了原形。

【评析】纳粹分子虽然一言未发,但特工人员凭着职业警觉,用灵敏的耳朵很快地察觉到对方隐蔽的深层次心理,分析、推断出纳粹分子的非语言行为所传达的信息以及所表达的思想感情。这个事例告诉人们,在社会交往与活动的过程中,要做有心人,就必须带着目的去观察、去寻求、去搜集。不但察其言色,还要观其行为,甚至度其心理。从倾听入手,从中发现他的真正意图。

启示:在工作和生活中,要善用自己的耳(学会倾听)、眼(学会观察)、口(学会表达)、心(学会思考)。

（一）倾听的概念

国际倾听协会（ILA）这样对倾听定义：倾听是接收口头及非语言信息，确定其含义和对此做出反应的过程。倾听，就是凭借听觉器官接收信息，进而通过思维活动达到认知、理解的全过程。

> **事例**
>
> ### 巴顿尝汤
>
> 第二次世界大战时，美国巴顿将军为了显示他对部下生活的关心，搞了一次参观士兵食堂的突然袭击。在食堂里，他看见两个士兵站在一个大汤锅前。
>
> "让我尝尝这汤！"巴顿将军向士兵命令道。
>
> "可是，将军……"士兵正准备解释。
>
> "没什么'可是'，给我勺子！"巴顿将军拿过勺子喝了一大口，怒斥道："太不像话了，怎么能给战士喝这个？这简直就是刷锅水！"
>
> "我正想告诉您，这是刷锅水，没想到您已经尝出来了。"士兵答道。

思考：巴顿将军错在哪里了？

（二）倾听的种类

1. 陶醉享乐式倾听

陶醉享乐式倾听常发生在听故事、听朗诵、听演讲等过程中，倾听者在听的过程当中得到启迪，从中获得美的享受。

2. 获取信息式倾听

获取信息式倾听多发生在言语交流双方身份地位存在明显的差别时，如上级与下级、干部与群众、教师与学生、演讲者与听众等。在这种情形下，倾听者的重要目的就是获取信息。此种倾听需要把听与看、听与思、听与记结合起来。

3. 移入情感式倾听

如记者采访、领导听汇报、做调查研究、学生请教老师、答辩等，言语交流双方虽然同样存在一定的身份地位的差别，但因为倾听者是主动获得信息，获得认知，说话者反而处于被动地位。在这种情形下，倾听者应恰当插话，或提问，或回应，或附和，或探究等。除此之外，倾听者还要在倾听当中辨识说话者每句话的真实程度、价值分量以及情绪态度，并据此不断做出回应，或微笑，或点头，或使用一些词语。

📝 事例

乔·吉拉德的一次经历

乔·吉拉德向一位客户销售汽车，交易过程十分顺利。当客户正要掏钱付款时，另一位销售人员对吉拉德谈起昨天的篮球赛，吉拉德一边跟同伴津津有味地说笑，一边伸手去接车款，不料客户却突然掉头而走，连车也不买了。吉拉德苦思冥想了一天，不明白客户为什么突然放弃已经挑选好的汽车。夜里11点，他终于忍不住给客户打了一个电话，询问客户突然改变主意的原因。客户不高兴地在电话中告诉他："今天下午付款时，我同您谈到了我的小儿子，他刚考上密歇根大学，是我们家的骄傲，可是您一点儿都没听进去，只顾跟您的同伴谈论篮球赛。"

【评析】吉拉德这次生意失败的根本原因是什么？是因为他没有认真倾听客户谈论自己最得意的儿子。如果他以欣赏的态度适时称赞客户的话，客户就会有被认同、被重视的感觉，自然会愉快地与他签单了。

启示：好朋友向你诉说自己的喜怒哀乐时，请倾情倾听。

4. 参与评判式倾听

言语交流者彼此的身份地位平等，如讨论、座谈、谈判、辩论、会话等，在这种情形下，倾听者要注意有效倾听，听出说话者的显性意义和隐性意义，找到自己语言的出发点，使谈话有的放矢。

📝 事例

周恩来智驳胡宗南

1944年，周恩来率中共代表团由重庆返回延安。途经西安时，国民党西安最高军事首领——第一战区副司令胡宗南设宴为周恩来洗尘。这是"西安"与"延安"的一场政治较量。胡宗南的阴谋是：在政治气势上压倒"延安"。一场酒席上的较量就这样不动声色地开始了。宴会开始时，胡宗南的手下王主任在祝酒词中说："在座的黄埔同志先敬周先生三杯酒，欢迎周先生的光临！请周先生和我们一起，为领导全国抗战的蒋委员长的身体健康，先干头一杯！"

周恩来举起酒杯，微笑着说："王主任提到了全国抗战，我很欣赏。全国抗战的基础是国共两党的合作。为了表示对国共合作抗日的诚意，我作为中国共产党党员，愿意为蒋委员长的健康干杯；各位都是国民党党员，也请为毛泽东主席的健康干杯！"

【评析】 周恩来机智地听出了胡宗南手下话中的弦外之音，巧妙应答，争得了国共两党在政治上的平等地位。

倾听是一种美德，是一种尊重，是一种与人为善、心平气和、谦虚谨慎的姿态。善于倾听是一个人成熟的最基本素质，智者善听，仁者善听。

健康人都有听力，但能听不一定会听，常常有听而不专，注意力不集中，对他人所讲内容置若罔闻；或听而不记，不记笔记也不用心记，任你磨破嘴皮他仍不知所云；或听而不思，不能边听边想，更不能有创意地表达自己听后的感受等情况。那么，我们每个人都具备倾听的能力吗？倾听包括哪些能力？

（三）倾听的能力

1. 语音辨识力

语音辨识力是听话能力的一个重要组成部分（包括辨音正字和听音辨调），是对听到的信息的表层意思的理解。

课堂活动

请一位说话有地方口音的同学讲一段自己的趣事，其他同学听后复述。

启示：在与人沟通的过程中，语速要适中，不要过多使用专业术语，否则肯定会影响沟通的效果，因为这会令人产生隔阂感，大家听不懂你在说什么，又不好意思问，这样，你最初的目的也就无法达到。建议大家在与人沟通时，遇到专有名词，尽量将它直白化，采用让大家听得懂的方式进行沟通。

---

2. 话语记忆力

话语记忆力是指倾听者迅速而准确地捕捉对方发出的每一个语音符号，并且立即将其储存到大脑皮层，作为理解和品评对方谈话的基本素材。

课堂活动

教师以正常速度朗读这段故事，请学生记录梗概，再找学生复述。

1971年，基辛格博士为中美关系正常化秘密访华。在一次正式谈判尚未开始之前，基辛格突然向周恩来总理提出一个要求："尊敬的总理阁下，贵国马王堆一号汉墓的发掘成果震惊世界，那具女尸确是世界上少有的珍宝啊！本人受我国科学界知名人士的委托，想用一种地球上没有的物质来换取一些女尸周围的木炭，不知贵国愿意否？"

周恩来总理听后，随口问道："国务卿阁下，不知贵国政府将用什么来交换？"基辛格说："月土，就是我国宇宙飞船从月球上带回的泥土，这应算是地球上没有的东西吧！"

周总理哈哈一笑："原来是我们祖宗脚下的东西。"基辛格一惊，疑惑地问道："怎么？你们早有人上了月球，什么时候？为什么不公布？"

周恩来总理笑了笑，用手指着茶几上的一尊嫦娥奔月的牙雕，认真地对基辛格说："我们怎么没公布？早在5000多年前，我们就有一位嫦娥飞上了月亮，在月亮上建起了广寒宫住下了，我们还要派人去看她呢！怎么，这些我国妇孺皆知的事情，你这个中国通还不知道？"周恩来总理机智而又幽默的回答，让博学多识的基辛格博士笑了。

提示：复述时要抓住主旨，理清顺序，突出重点，语言简洁。

3. 话语理解力

话语理解力就是理解说话人发出的语言信息的整体内涵，真正听懂对方的话。话语理解力是听说能力的核心，它的强弱是听话水平高低的重要标志。

｜ 课堂活动 ｜

教师把下列问题分别念两遍，学生根据问题作答。

1. 法律是否允许一个男人娶他遗孀的妹妹为妻？
2. 哪一种表达更准确？9 + 5 是 13，9 + 5 = 13。
3. 在一个6米长、3米宽和1米深的洞里，有多少立方米的土？
4. 网吧里有两个中学生，因为其中一个不是初中生，那么，这两人的情况是怎样的？
5. 珠穆朗玛峰被发现之前，哪座山峰是地球上最高的山峰？

参考答案

1. 死了的人不能娶妻。2. 9 + 5 = 14。3. 洞里没有土。4. 一个高中生，一个初中生。5. 还是珠穆朗玛峰。）

---

4. 话语的评判力

评判力是听话能力的高层次要求，听话人要善于分析、判断对方话语本意及言外之意，听出对方在谈话过程中的情绪和感受，以此决定自己应持的态度和应做的反应。

> **事例**
>
> 20世纪50年代,有一次,周恩来和一位美国记者谈话时,记者看到总理办公室里有一支派克钢笔,便带着几分讽刺,得意地发问:"总理阁下也迷信我国的钢笔吗?"周恩来听了风趣地说:"这是一位朝鲜朋友送给我的。这位朋友对我说:'这是美军在板门店投降签字仪式上用过的,你留下做个纪念吧!'我觉得这支钢笔的来历很有意义,就留下了贵国的这支钢笔。"美国记者的脸一直红到了耳根。

【评析】周总理听出了这位美国记者的言外之意,用风趣的回答既教育了这位记者,也维护了祖国的尊严。这充分体现出周总理对话语的评判力很强。

上述四个方面大致反映了听话活动中"听进—记住—听懂—会听"这样一个完整的过程。四个要素是一个水乳交融、密不可分的有机整体。在具体的听话活动中,这几个因素往往同时产生作用。因此,要有计划、有目地训练自己思维的专注性、敏捷性和深刻性。另外,思维的联想力和想象力等,也是听话训练的内容。

课堂活动

让学生试着总结倾听的作用。

参考答案

倾听的作用:

1. 倾听可以使他人感受到被尊重和被欣赏。
2. 倾听能真实地了解他人,增加沟通的效力。
3. 倾听可以解除他人的压力,帮助他人清理思绪。
4. 倾听是解决矛盾、处理抱怨的最好方法。
5. 倾听可以取他人之长,补己之短。
6. 少说多听,还可以保守自己的秘密。
7. 倾听可以让我们感受到世界的美好。

(四)倾听技巧

1. 态度技巧——专心、耐心、虚心

(1)专心 专心是有效倾听的前提。当其他人在讲话时,一定不要讲话,做到专心倾听,边听边想,思考他人说话的意思,记住他人说的要点,不要因为有感触就马上发表议论,不妨等待他人讲完。人们需要有这种感觉,即你在专心地倾听,全神贯注。专心倾听

是关心他人的表现，关心是一种问候与帮助他人的表达方式，是一种发自内心的真挚情感，关心和被关心是人类的基本需要。有人说，学会了关心就等于学会了做人，学会了生存。专心地听他人讲话，正是你关心与尊重他人的表现。

可以通过练习排除使我们分心的事物来培养专心的能力，告别心不在焉的举动与表现。例如，把可以用来信手涂鸦或随手把玩等使人分心的东西（如铅笔、钥匙串等）放在一边，就可以免于分心。人们总是把乱写乱画、胡乱摆弄纸张、东张西望或看手表等解释为心不在焉，这些应该引起我们的重视和注意。

请按下边这样做，来显示出你的专心：

1）通过非语言行为，如眼睛、某个放松的姿势、某个友好的脸部表情来表现倾听者的专心。如果你表现得留意、专心和放松，将与说话者建立一种积极的氛围。

2）对说话者的需要表示出兴趣，恰当地给对方以回应，鼓励对方讲下去。

3）带着理解和相互尊重进行倾听。

倾听不仅是耳朵听到相应的声音的过程，而且是一种情感活动，需要通过面部表情、肢体语言和话语的回应，向对方传递一种信息——我很想听你说话，我尊重和关心你。

（2）耐心　我们必须把注意力完全放在说话者的身上，而且要耐心聆听，才能明白对方说了些什么、没说什么以及对方的话所代表的态度和含义。

（3）虚心　在听其他人谈话时，应抱着虚心的态度。有些人对他人抱有成见，如"这个人老是爱贪小便宜"等，这些成见会直接影响自己对他人话语的理解，导致错误的判断，也就不可能有正确的倾听。有些人觉得自己在某一领域比其他人懂得多，常常中途打断他人的讲话，急于阐述自己的看法和意见，喜欢教育他人，这种"强势推销"和"好为人师"的人当然不会成为积极的倾听者。

总之，要以关心的态度倾听，倾听者像是一块共鸣板，让说话者能够试探你的意见和情感，同时以一种谦和、友善、关心的态度与说话者交流。

2. 行为语言技巧——有声语言和肢体语言

1）使用口语来表示赞同，让其他人知道你在听（鼓励他人多说），偶尔说"是""是的""真有意思""呢""我明白""我了解"或"是这样吗"等，来认同对方的陈述，告诉说话的人你在听，你有兴趣听。

通过说"说来听听""我们讨论讨论""我想听听你的想法""我对你所说的很感兴趣"等，来鼓励说话者谈论更多内容。

对出现精辟的见解、有意义的陈述，或有价值的信息，要以真诚的赞美来夸奖说话的人。例如，"这个故事真棒"或"这个想法真好""您的意见很有见地"等。如果有人做了你欣赏的事情你应该伺机夸奖他，仅仅是良好的回应就可以激发很多有用而且有意义的谈话。

2）运用有利的肢体语言聆听他人讲话时，必须用亲切的眼神看着对方的眼睛。这个姿态是对说话人的一种尊重和鼓励，只有你对对方表示出兴趣，对方才有说话的愿望与激情，没有比真心对人感兴趣更使人受宠若惊了。此外，还有自然的微笑、得体的坐姿、点头或手势等，能够起到促进交流、消除心理隔阂、鼓励交谈者自然而尽情地表达等作用。

> **事例**
>
> 温莎夫人，一位传奇的美国寡妇，她的魅力改变了英国的历史——令爱德华八世弃江山而爱美人，于是众多文人猎奇，探究其魅力何在？请看这样一段描写："当温莎公爵讲话时，温莎夫人用右手支撑住下颏，身体微微前倾，双眼含情脉脉地看着温莎公爵。"

【评析】 试想想，有这样一位美人含情脉脉地注视着他，专心地听他讲话，温莎公爵能不越讲越带劲吗？

3. 互动技巧——情感交流

俗话说："酒逢知己千杯少，话不投机半句多。"在聆听他人谈话的过程中，要认真揣摩对方要表达的感情和含义，努力理解说话人的内心世界，这样会加快我们和谈话者彼此之间的沟通，帮助我们迅速找到与说话者产生精神共鸣的话题和内容。当你内心的感情与倾听对象达到共鸣时，表情会自然而然地随着谈话内容而发生变化，情感上会和对方产生交流。例如，当对方在讲笑话或幽默故事时，你会开怀大笑，这将更加增添讲话人的兴致；当说话人说到紧张之处时，你会屏气凝神，那会让讲话人感受到你的专注。这种积极的情感反馈可以拉近我们与说话者的距离，自然会获得良好的倾听效果。

总之，要善于和周围的人进行交流，学会积极地聆听他人的倾诉。用心倾听展现出的是对他人的一种爱，这种爱会把你和他人以及整个世界紧紧地联系在一起。用心去倾听身旁亲人、朋友、同事和同学的倾诉吧，伸出你的手，在他们困难或迷惑的时候献上你真诚的爱，这个世界就可以充满温暖和阳光。

4. 察言观色，有所收获

倾听是捕捉信息、处理信息、反馈信息的需要。一般来说，说话是在传递信息，听他人谈话是在接收信息。一个好的倾听者应当善于通过交谈捕捉信息。听比说快，听者在聆听的空隙时间里，应思索、回味、分析对方的话，从中得到有用的信息。

在人际交往中，很多人口中所道并非肺腑之言，他们将真实想法隐藏起来了。所以，在听他人说话时要注意琢磨对方话语中的微妙感情，细细咀嚼品味，尤其要注意观察对方的肢体语言，注意非语言性的暗示，注意弦外之音，注意对方没有说出来的话及答复不完全的问题,以便弄清其真正意图。

5. 让人把话说完,切勿武断下结论

听对方把话讲完,在确定知道对方完整的意见后再做出反应。对方停下来,有时并不表示他已经说完想说的话。让人把话说完整并且不插话,这表明你很看重沟通的内容。人们总是把打断他人说话解释为对自己思想的尊重,但这却是对对方的不尊重。

英国的查斯特·菲尔德说过,"要想了解谈话对象真正的情感,你应该仔细观察他的脸部表情,因为,驾驭语言比控制面部表情容易多了。"

虽然说打断对方的话是一种不礼貌的行为,但是如果是"乒乓效应"则是例外。所谓的"乒乓效应",是指听人说话的一方要适时地提出许多切中要点的问题或发表一些意见感想,来响应对方的说法。还有,一旦听漏了一些地方,或者是不懂的时候,要在对方的话暂时告一段落时,迅速提出质疑。

课堂活动

某搬家公司通过在报纸上刊登广告来招揽业务,但生意来了之后它反倒不愿做了。请分析下面的情景对话:

小王:您好,请问是××搬家公司吗?

搬家公司接线员:是的,请问您是哪里?

小王:我是广州点石成金咨询有限公司。

搬家公司接线员:咨询公司?做什么的?

小王:我公司主要做电话营销技巧培训。今天,我给你打电话是因为……

搬家公司接线员:我们不需要培训。(哐啷!没等小王说完,电话就被粗暴地挂断了。)

参考分析

1. 搬家公司接线员犯的错误是什么?

提示:没有听完对方的谈话就挂机,结果失去了生意。同时,粗暴的挂机行为有损公司与她自己的形象。

2. 小王犯的错误是什么?

提示:小王也有说话技巧上的问题,如果她能开门见山说明来意:"您好,是××搬家公司吗?我们明天要搬办公室,请问你们有时间吗?"这样,对方会很客气地与之交谈,而绝不会粗暴地挂机。

3. 请同学们就所学内容及自己平时的经验,相互交流在倾听时的积极做法。

提示:①别说话;②让对方放松心情(放松才能畅所欲言);③向对方表示你想

聆听；④避免分心；⑤要设身处地以对方的立场思考；⑥要有耐性；⑦避免争辩与批评；⑧发问；⑨控制你的情绪等。

4. 请同学们就所学内容及自己平时的经验，相互交流在倾听时的消极做法。

提示：①打断他人的说话；②经常改变话题；③抑制不住个人的偏见；④贬低讲话人；⑤急于下结论；⑥神情茫然，姿势僵硬；⑦只注意听事实，不注意讲话人的感情；⑧使用情绪化的言辞；⑨在头脑中预先完成讲话人的语句；⑩当对方还在说话时就想着如何进行回答等。

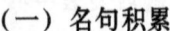

课后拓展

（一）名句积累

1. 播下一种行为，收获一种习惯；
   播下一种习惯，收获一种性格；
   播下一种性格，收获一种命运。

2. 用目光倾听。
   听其他人说话，要望着对方。
   用真诚的心去倾听。
   与人交往要真诚。

3. 听其他人说是一种修养，让其他人听是一种艺术。

4. 积极地倾听是激励他人说话的良方。

5. 倾听是解决冲突、矛盾，处理抱怨的最好方法之一。一个牢骚满腹，甚至最不容易对付的人，在一个有耐心、有同情心的倾听者面前，都常常会软化并变得通情达理。

6. 倾听对方的意见或议论就是尊重，因为这说明我们认为对方有卓见、口才和聪明才智，反之，打瞌睡、走开或乱扯就是轻视。

——霍布斯

（二）倾听的故事

1. 春秋战国时期，伯牙以善于弹琴而名闻天下。起初，被生活所逼，他不得不经常为那些达官贵人弹琴。然而，具有讽刺意味的是，那些穿着体面、看起来风度翩翩的上等人物根本就不理解他的琴声。他们之所以趋之若鹜来听他弹琴，只不过是凑凑热闹、附庸风雅而已。这种状况对伯牙而言，真正是"对牛弹琴"。伯牙倍感寂寞，终于再也无法忍受下去，发誓不再出入豪门。于是，他抱着心爱的琴隐居山林，每天与琴为伴，兴致来时，弹上两曲；困的时候，便枕琴而眠。后来他在高山流水之间偶遇钟子期。钟子期在听伯牙弹琴时，时而引吭高歌，时而默默无语，时而热泪盈眶，时而呜呜悲泣，因为他真正听懂了伯牙琴声中"时而欢快，时而落寞，时而激越，时而奢华，时而凄凉"的情感。

一曲《高山流水》见证了他们之间深厚的友谊，怪不得伯牙在临死前深情感叹："生我者父母，知我者子期。"可见做一个好的听众并不容易，一方面要具备相应的倾听和理解能力，另一方面还要掌握相应的倾听技巧，两者缺一不可。

2. 纽约电话公司曾经碰到了一个对接线生大发脾气的用户。他说要他付的那些费用是敲竹杠。这个人怒火满腔，扬言要把电话线连根拔掉，并且到处申诉、告状。最后，电话公司派了位最干练的"调解员"去见这位无事生非的用户。两人见面后，"调解员"静静地听着，让这个暴怒的用户淋漓尽致地发泄，不时地说"是的"，并对这位用户的不满表示同情。第一次，这位用户滔滔不绝地说着，而"调解员"耐心地洗耳恭听，整整听了3 小时。这位"调解员"先后去见过他四次，每次都对他发表的论点表示同情。第四次会面时，这位用户说要成立一个"电话用户保障协会"，"调解员"立刻赞成，并说自己一定会成为这个协会的会员。这位用户从未见过电话公司的人同他用这样的态度和方式讲话，便渐渐变得友善起来。前三次见面，"调解员"甚至连同他见面的原因都没有提过，但在第四次见面的时候，"调解员"把这件事完全解决了。用户支付了所有该付的费用，同时还撤销了向有关方面的申诉。

无疑，那位用户自认为他是在主持正义，在维护大众的利益。事实上他需要的只是一种重要人物的感觉。当他获得了这种感觉，那些无中生有的牢骚也就化为乌有了。这恰恰是在"调解员"耐心听他发火时开始的。请你记住：跟你谈话的人对他自己的需求和问题要比对你的需求和问题感兴趣千百倍。

二、牢记姓名

姓名是人的标志，人们出于自尊，总是最珍爱它，同时也希望其他人能尊重它。人性的本能让我们知道，尊敬我们的人，一定能记得我们的名字。每个人对自己的名字都非常感兴趣：科学家爱用自己的名字为自己的发明取名，名人爱用自己的名字为商品命名，就连强盗也希望自己的名字被他人记住。在与不太熟悉的人交往时，如果能够记住对方的名字并轻松地叫出来，就等于巧妙而有效地给予了对方恭维。

事例

1928 年，好几个百万富翁资助伯德将军到南极大陆探险，因为他们知道那些封冻的山岭将会用他们的名字命名。作家雨果最热衷的莫过于希望有朝一日巴黎能改名为雨果市。甚至莎士比亚也千方百计为自己的家族取得一枚象征荣誉的徽章。再如，一个名叫迪林杰的人，他让自己感到"具有重要性"的方法是走上邪途，成为抢劫银行的匪徒和杀手。美国联邦调查局追缉他的时候，他逃到密苏里州一处农舍对着惊慌的农民说道:"我是迪林杰!"似乎对身为第一号社会公敌的身份感到自豪。"我不会伤害你们,但是你们要知道我就是迪林杰!"

人们很以自己的名字为荣,因而不顾一切要使自己的名字变得不朽。为此,他们甚至会献出珍藏。例如,美国有"本杰明·阿德曼纪念馆""摩根纪念馆"等。

(一)牢记姓名作用

卡耐基曾经说过:一个人的姓名是他自己最熟悉、最甜美、最妙不可言的声音。在交际中最明显、最简单、最重要、最能得到好感的方法,就是记住人家的名字(同时再配以记住对方的生日、爱好等,则效果倍增)。所以,记住他人的名字是走向成功的第一步。

1. 是处世的基本礼仪,也是使对方产生良好印象的最好方法

卡耐基说:"一种既简单又最重要的获取好感的方法,就是牢记他人的姓名。"善于记住他人的姓名是一种礼貌,也是一种感情投资,在人际交往中会起到意想不到的效果。

> **事例**
>
> 美国一家电器公司的董事长请公司的代理商和经销商吃饭,他私下让秘书按座位把每位来宾的名字依次记下。这样董事长在饭桌上与每位老板交谈时就能随口叫出他们的名字,这使每个人都惊讶不已,生意也顺利地谈成了。

【评析】饭桌上的每位老板因为董事长能随口叫出他们的名字而惊讶,是因为他们感觉到自己被董事长所重视、所尊重,因而对董事长产生良好印象,自然愿意与这样的人合作。可见,能够拥有记住他人名字的这种本领,在交际场中大有用处。

小贴士

见到阔别多年的朋友,最好先自报家门,免得对方记不起你的名字而尴尬

相反,不能叫出熟人的名字,这是一种失礼的行为。试想,在和他人交谈的时候,他人对你十分熟悉,热情如火,而你却叫不出对方的姓名。碰到这样的情况,不仅会让你十分尴尬,更会让他人感到失望。虽然你可以用含糊的方法敷衍过去,但心里终究觉得不安。有时因为地位的关系,你应该先招呼他,这个时候,你如记不起他的姓名,不去招呼他,他会误认为你是傲慢自大、目中无人。所以如果想在交际场中赢得主动,就要熟记对方的姓名。

2. 是人际交往的钥匙，也是通向成功的重要一步

事例

小A和小D参加考研，成绩不分伯仲，参加复试名单中，两人都榜上有名。但在面试时，由于小A提前对将有可能成为自己导师的王教授进行了了解，在顺利完成面试后，他有礼貌地说："王教授，请您以后多加指点。"王教授对文质彬彬且聪明机灵的小A留下很好的印象。而小D连面试者的姓名都没搞清楚，尽管回答问题也很贴切，但最后还是被淘汰了，小A却顺利通过了复试。

【评析】社会是复杂多变的，人际关系的好坏决定了人的成功程度，记住他人的名字和职务并恰当地称呼，能使对方感到你尊重他、关心他、喜欢他，使他感到愉快和欣慰，也会因此对你产生好感，从而为自己打开一条通往成功的路。

3. 牢记和尊重他人的姓名，会赢得支持和信任

记住他人的名字并能够准确地叫出来，实质是对人不着痕迹的赞美。人人都对自己的名字看得异常珍贵，因为名字代表拥有名字的人，使他在许多人中显得独立。古人讲避讳，君王的名字、长辈的名字、圣人的名字都不能让人随便叫，以显示名字拥有者的尊贵。在生活中，小孩子为了表达自己的愤怒、厌恶，有时会在墙上，甚至在厕所里写上"打倒某某某"，以此引起对方的极大愤怒，就是这个道理。

事例

美国钢铁大王卡内基曾经想与美国工业巨子普尔门联合创办汽车公司，卡内基费尽口舌，提出了各种优惠条件，普尔门始终不同意。最后，卡内基灵机一动，对普尔门说："我们如果联合创办汽车公司，就叫普尔门汽车公司吧！"普尔门听后，其他条件还没细谈就当场拍板同意了。

事例

拿破仑·波拿巴能叫出手下全部军官的名字。他喜欢在军营中走动，遇见某个军官时，就叫出他的名字跟他打招呼，谈论这名军官参与过的某场战斗或军事调动。他经常询问士兵的家乡、妻子和家庭情况。拿破仑的做法让属下感到吃惊：他们的皇帝竟然对他们的情况知道得一清二楚。这种做法，让每个军官都能从拿破仑的谈话中感到他对自己十分在意，也使他们对拿破仑忠心耿耿，甘愿效劳。

能记住人名，不仅是一种技巧，也是一种本事。历史上许多名人，如凯撒大帝、拿破仑、周恩来都有这种本领。据说帮助罗斯福入主白宫的法布里能记住五万人的名字，这也是他成功的秘诀。如果你与人初次见面时，能记住他的名字，在第二次再见时叫出来，那么他一定会认为你重视他，从而对你产生好感。所以，记住他人的名字不仅关乎你的记性好不好，同时它还是一种很重要的社交方法，它能赢得他人对你的好感和你所希望的成功。

（二）牢记姓名的方法

拿破仑可以记住他所见过的每个人的名字。他曾介绍说，如果他没有听清哪个名字，会立即说："十分抱歉，我没有听清您的名字。"如果对方的名字很生僻的话，他会向对方请教其名字的拼写方法。如果此人是个重要人物，他便会在独处时把此人的姓名写在纸上，专心致志地注视片刻，将其牢牢地记在脑海（他用这个方法加强视觉印象，以补充原有的听觉印象）。还有，他在谈话过程中，会不断重复着对方的名字，并结合对方的外貌、言谈等特征，在心里做一个轮廓式的记忆。拿破仑使用以特征来记忆对方名字的方法是非常有效的，每个人身上都有特征，如身材特别高，是个彪形大汉；或者身体细长，像个电线杆；或者双目明亮，熠熠生辉；或者细如鼠目，游离不定等。除了相貌上的特征，还可以找出其他方面的特征，如说话的速度和语调以及手势、动作等。

下面介绍几种常用的能有效记住他人名字的方法。

1. 请教名字的主人

（1）询问发音　听到对方介绍自己的姓名后，你可以直接重复一遍对方的名字，并微笑着虚心向对方核对发音。即使你读得不很准确，对方也愿意耐心地告诉你正确的发音。因为他感觉到了你很重视他，你在努力记住他的名字。你的请求既增加了他人对你的亲切感，你又重复地记忆了一遍名字。

（2）请教写法　如果你对他人名字的写法有疑问，可以礼貌地或开玩笑地请求对方写一下。例如，"不好意思，您能告诉我如何写吗？是哪几个字？"这样又增进了记忆。

（3）请教姓名的含义　很多人的名字后面都有一个动人的故事。他们非常愿意与你谈起，这比谈论天气有意思多了。你应当以不过分的热情，礼貌地询问对方是否知道他（她）自己姓名的来历、名字背后的故事等。大约50%的人不仅知道自己姓名的来历，而且对这一话题还特别感兴趣。这样，你既增加了相互之间的亲切感，又获得了多次记忆他人名字的机会。

2. 仔细观察，抓住特征，建立联想

记忆力问题，就是注意力问题。注意力越集中，重视程度越高，就会记得越牢。当他

人做自我介绍的时候，你应当全神贯注，注意力集中在对这个人的整体印象上，观察对方的面部特征、肢体语言等。还可以把对方的形象和名字与某些事物或熟悉的人名、地名、物名、话题、特殊的事件、肢体语言等联系起来，建立有意义的联想，把对方的特征与姓名一起输入大脑，你对这个人的印象就鲜明了。例如，一个人的名字叫"费清"，倒过来可以记忆谐音"清肺"，马上就把这个名字记住了。这样记忆速度快，记忆会比较牢固，保持的时间会更持久一些。很多人比较粗心，不去仔细观察对方，这也是他记不住他人相貌和名字的一个很重要的原因。你的观察技巧越熟练，就对人们的相貌差异看得越清楚，就越会帮助你记忆。

3. 重复帮助记忆

要记住一个人的名字，一个非常有效的办法就是重复，重复是记忆之母。

1）当别人介绍自己是谁之后，要立刻重复这个姓名。例如，可以礼貌地说一句："对不起，可以再重复一遍吗？"还可以问："费清先生，您是费翔的费，清爽的清吗？"即使你已经听清楚了他（她）的姓名，你最好通过重复一遍他（她）的姓名来确认自己是否发音正确并记忆。

2）谈话中的重复。即在交谈中尽可能地重复这个姓名，以便在头脑中扎下根来。例如，你想征询他对某件事的看法，可以说："费清先生，您如何看此事呢？"重复是记忆的重要手段，每重复一遍，记住它的可能性就会增大。

3）内心重复。在谈话的短暂间歇中，留心看着谈话者，在心里再暗自重复一遍他的名字。

4）休息时稍加复习。在谈话后的休息时间，多花些时间回忆一下刚才与每个人见面的情景，重复他们的名字、拼写、姓氏起源以及其中的趣闻，这样你就可以给每个姓名建立起可供以后联想的资料。

5）分手时重复。跟对方道别时，最好提起对方的姓名。要知道，一件事情的开头和结尾这两段是最容易记住的。

4. 交换名片

接过名片，一定要把对方的名字读一遍，注视着对方的面孔，记下对方的名字。并在以后的交谈中，经常尊敬地称呼对方。这样，有助于在下一次见面时，能够顺利地叫出对方的名字，从而给对方一份亲切感。

5. 多做笔记

交谈后，及时把交往对象的名字和相关信息写下来。例如，简单记录下与之相关的事情、故事等。或者记在名片背后，或者记在笔记本上，或者记在自己的手机中，闲暇时多翻阅记忆几次，久而久之，一些信息就印入你的脑海了。

当然，也要注意应该在什么时候称呼他人的名字，不能不分时间、场合地去叫，这样会产生相反的效果。

课后拓展

1. 请准确写出10个教过你的老师的姓名。

2. 你即将代表中国学生去参加国际奥林匹克学科竞赛，以下是另外20位参赛选手的名字，请你尽量记住他们。

张大明、王晓晓、李彬、朱世杰、王浩、龙艳、杜宇坤、王思远、高岚清、贾新雨、袁月迁、吴蓝越、胡庆迪、胡小敏、于雨、李强、袁小玉、汪梦梦、孙倩、张超等。

3. 名人名言。

1)"记住别人的名字，并且很流畅地叫出来，实在是对此人最大的关注和恭维。"

"姓名对任何人而言，都是最悦耳的语言。"

"记住人家的名字，而且很轻易地叫出来，等于给别人一个巧妙而有效的赞美。"

——卡耐基

2)"好习惯是由一些小牺牲所养成的。"

——爱默生

三、风趣幽默

幽默是人际交往的特别通行证，是展示自我修养、学识的巧妙手段，是表示友好、善意的重要途径。在社交中，幽默的人往往成为焦点人物，成为吸引别人注意的交际明星。

那么什么是幽默呢？"幽默"一词，最早出现于屈原的《九章·怀沙》里："眴兮杳杳，孔静幽默。"这里的"幽默"，是"幽静无声"的意思。后来，林语堂将humor翻译成"幽默"，即取它"幽"而不明说，"默"而求会心的意思。现在使用的"幽默"一词是作为一个美学范畴，指一种令人发笑而有余味的情操。笑是幽默的外部特征，没有笑就不成其为幽默。但是，只有"会心的笑""心里的笑"，才与幽默的本质有缘。所谓"会心的笑"，是说使人在笑声中明白点什么道理，得到点什么启示。在交往中，由于许多话不宜用直白的说法，人们就学会了用启发式的语言。例如，"我一人吃饱了，全家不饿。"一听就明白说的是：过独身生活。这就是幽默。

（一）幽默的作用

幽默是社交场中的美丽花朵。高明的幽默能让任何人喜悦、放松。学会了幽默，你就容易成为一个走到哪里都受人欢迎的人。

1. 幽默有助事业成功

生活中，我们可以见到幽默的成功人士。对他们来说，幽默不但是一种标志，而且是一种武器。诙谐风趣的语言往往使他们说话办事更容易，而且还能为其事业的进一步成功提供有力帮助。

事例

著名节目主持人杨澜就是非常幽默的人。她主持的节目，常常采用幽默的方法，生动精彩，可看性强。例如，在一次关于加拿大的节目中，杨澜为了向观众描述加拿大的寒冷，就幽默地说："我听说，两个加拿大人在户外说话，刚说完，话就被冻住了，他们赶紧用手接住，到屋里用火一烤，才知道对方说了什么。"观众听罢哈哈大笑，整个现场气氛顿时活跃了起来。

【评析】用幽默传递信息，可使气氛更加和谐，平添几分情趣，从而使社交更加成功。

2. 幽默是解决尴尬的法宝

社交中情形千变万化，有时候突如其来的不快，可能破坏原本轻松祥和的气氛。这时，幽默可以扭转乾坤，将那些下不来台的人从不知所措的窘境中解救出来。

事例

一次，一位绅士正在餐馆里进餐，忽然发现菜汤里有一只苍蝇。他扬手招来侍者，冷冷地讽刺道："请问，这东西在我的汤里干什么？"侍者弯下腰，仔细看了半天，回答道："先生，它是在仰泳！"餐馆里的顾客被逗得捧腹大笑。

【评析】在这种情况下，侍者无论如何解释、道歉，都只会受到尖锐的批评，甚至会引起顾客的愤怒。但是，幽默帮了他的忙，把他从窘境中解救出来，使气氛得以缓和。

3. 幽默可以让人委婉地达到目的

在社交中，人们都尽量避免得罪人，尤其是拒绝他人时，如果处理得不好，会让人觉得没面子，从而心生恨意。而恰当的幽默则可将不快轻松化解，让人既明白你的意思，又不好意思太为难你。

> **事例**
>
> 张小姐长得非常美艳，某客户一直对她十分垂涎。一天，客户又来到张小姐所在的公司，对她纠缠不休。该客户是公司重要的合作伙伴，因此，张小姐不敢得罪他。她灵机一动，笑盈盈地对客户说："王总，要不待会儿我们三个人去拳击馆玩玩吧。"客户一愣："拳击馆？我和你，还有谁呀？"张小姐神秘地说："我男朋友啊，他可是去年的业余拳击比赛冠军呢，而且是个喝酒外行、喝醋内行的家伙。"客户一听愣了，连忙说："那你们去玩吧，我今天还有事。"说完，就灰溜溜地走了。

【评析】张小姐利用幽默显示了自己的态度与智慧，同时软中带硬，让客户知难而退，既保住了客户的面子，又维护了自己的尊严。

4. 幽默可以和缓消极情绪，化危机为转机

在一些烦乱、紧张的环境下，人们常常产生郁闷、烦躁等情绪，这时候很容易让人做出不理智的事情，进而影响人们的情绪或生活，如果此时能够巧用幽默，便可以用智慧的笑消除郁闷或痛苦，转移挫折压力，促进人际关系的和谐。

> **事例**
>
> 一家百货公司大拍卖，购货的人又推又挤，每个人的脾气都犹如子弹上膛，一触即发。有一位女士愤愤地对结账的小姐说："幸好我没打算在你们这儿找礼貌，在这儿根本找不到！"结账小姐沉默了一会儿，微笑着说："你可不可以让我看看你的样品？"那位女士愣了片刻，笑了。

思考：如果结账小姐也来个针尖对麦芒，结果会怎么样？

> **事例**
>
> 一位男子计划在到达某地七小时后举行婚礼，但他要搭的那班飞机误点，在候机室他心绪不宁，坐立不安，便给未婚妻发信息："飞机误点，在我到达之前请你不要结婚。"

【评析】也许，所有的安慰之词都比不上这样的幽默。结婚本是两个人的事，新郎没有准时到达，新娘肯定也结不成婚，而且新郎迟迟未到，会让新娘焦急不安，担心是不是路上有什么意外发生。男子的一句俏皮话，不仅能让未婚妻静下心来，而且会让她会心一笑。

（二）幽默的方法

幽默是一种人生智慧，它温和而不软弱，含蓄而不张扬，机智而不圆滑，它是"天真"与"理智"的巧妙结合，能让你化解困境，在社交中轻松自如地面对一切。幽默是一种源于生活、高于生活的艺术。幽默需要积淀，需要学习，需要锻炼；幽默到了一定境界，就会使人旷达从容，拈花一笑，处处是春。

1. 妙用双关语

所谓双关语，就是表面上说甲事物，实际上指乙事物，二者因有关联而被幽默地曲解，从而产生反差，形成了喜剧效果。

事例

杰拉尔德·福特是美国第38任总统，他说话时常常喜欢用双关语，这让他的语言充满幽默趣味。有一次，一位记者问他，他和林肯总统有何不同时，他回答说："我是一辆福特，不是林肯。众所周知，林肯是美国很伟大的一位总统，又是一种最高级的名牌小汽车；而福特则是普通、廉价而大众化的汽车。"他的话刚说完，记者就会心地笑了，没有再追问下去。

【评析】福特的这句话，一是表达了自己的谦虚，二是暗示了自己是一位大众喜欢的总统，避免了自吹自擂之嫌。

事例

温斯顿·丘吉尔有个习惯，他可以随时放下手中的工作，跳进浴缸里洗个热水澡，然后不穿衣服在屋子里踱来踱去。

一次，他在白宫逗留，正赤身裸体地在屋子里转悠，突然有人敲门。

"请进。"他叫道。罗斯福走了进来，看到丘吉尔一丝不挂，开始朝后退去。

"总统先生，请进来吧。"丘吉尔大声说道，并张开双臂来拥抱罗斯福。"大不列颠的首相在美利坚合众国总统面前，没有什么好掩盖的。"

【评析】丘吉尔用幽默化解了自己的尴尬，同时又表明了自己的立场。

2. 随机应变

幽默本身就是一种高超的艺术，而最高明的幽默应该是就地取材，巧妙应对，不露痕迹。恰如风行水上，虽然看不到风，但却看到了涟漪，让人觉得心旷神怡，会心一笑。

> **事例**
>
> 一个外国记者采访一个中国开餐馆致富的农妇,他不怀好意地问:"如果毛主席还在,你们能像现在这么富有吗?"这是一个充满陷阱的问题,无论农妇回答"能"还是"不能",都无法让人满意。可农妇却微微一笑,说了一句让记者拍手称好的话:"如果没有毛主席,我们早就饿死了,怎么还能致富呢?"

【评析】农妇面对咄咄逼人的记者,巧妙避其锋芒,幽默作答,看似答非所问,实际上却无懈可击,让那个一心想爆点猛料的外国记者也无可奈何。

3. 巧用反逻辑

所谓反逻辑幽默法,就是指违背形式逻辑,不按常规去理解,从而突破原来的思维定式,给人意想不到的幽默联想。反逻辑幽默法违反了人们已经习惯的正常逻辑规律,让人在极度不和谐的感觉中,体会荒诞和可笑。

> **事例**
>
> 丘吉尔是第二次世界大战中著名的英国首相,此人颇具外交才能,幽默感十足。在一次辩论中,他的一个女政敌恶毒地对他说:"如果我是你的妻子,我一定在你的咖啡里放入毒药。"丘吉尔闻言,当即回答:"如果我是你的丈夫,我就毫不犹豫地把它喝下去。"

【评析】丘吉尔的回答看似不合逻辑却非常巧妙。他的回答中暗含:如果对方是他的妻子,他会感到耻辱,宁可喝毒药而死。这样的回答比单纯的争辩和驳斥更有力,而且出人意料之外,又在情理之中,让人忍俊不禁。

> **事例**
>
> 尼克松访问苏联结束后,打算乘飞机回美国,可是驾驶员却怎么也无法让飞机上天。经过检查,原来是飞机的引擎失灵了。按照惯例,被访国苏联应该对此负责,所以,这让当时的总统勃列日涅夫非常生气。他指着苏联民航局长,问尼克松:"总统先生,我该怎么处罚他?""提升他!"尼克松诙谐地说,"幸亏引擎是在地面而不是在天上失灵,否则我岂不是要尸骨无存吗?"听了尼克松的话,勃列日涅夫笑了,那个战战兢兢的民航局长也松了口气。

【评析】尼克松用幽默轻松化解了一个非常棘手的难题,一句"提升他"不但显示了尼克松的大度与智慧，而且原本尴尬的外交局面变得随和、轻松，足见尼克松在社交方面的高超技巧。

4. 讽刺幽默

讽刺幽默是指采用影射的手法，机智而又敏捷地指出别人的缺点和优点，在微笑中加以否定或肯定，不是油腔滑调或哈哈大笑，也不同于嘲笑和讽刺，而是在玩笑的背后暗藏着严肃，不会使人产生被嘲弄或被讽刺的痛苦感。讽刺幽默很讲究技巧，不是出言不逊，恶语伤人，在运用时应十分注意这一点。

> **事例**
>
> 有一次，马克·吐温乘火车去一所大学讲课，因为时间紧，他十分着急，但火车却开得很慢。这时，车厢里过来一位检票员，向他问道："先生，您有票吗？"马克·吐温递给他一张儿童票。这位检票员也挺幽默，故意仔细地打量了马克·吐温半天，说："真有意思，我看不出您还是一个孩子哩！"马克·吐温回答："现在我已经不是孩子了，不过，我买车票的时候还是孩子。"

【评析】马克·吐温用讽刺幽默的方式，既巧妙地表达了自己对车速太慢的不满，也没有使检票员产生被嘲弄或被讥讽的感觉，没有让现场气氛紧张起来。

> **事例**
>
> 传说汉武帝晚年很希望自己长生不老。一天，他对侍臣东方朔说："相书上说，一个人鼻子下面的'人中'越长，寿命就越长；'人中'长一寸，能活100岁，不知是真是假？"
>
> 东方朔听了这话，知道皇上又在做长生不老之梦了。皇上见东方朔似有讥讽之意，面有不悦之色，喝道："你怎么敢笑话我？"东方朔脱下帽子，恭恭敬敬地回答："我怎么敢笑话皇上呢，我是在笑彭祖的脸太难看了。"汉武帝问："你为什么笑彭祖呢？"东方朔说："据说彭祖活了800岁，如果真像皇上说的，'人中'就有八寸长，那么，他的脸不是有丈余长吗？"汉武帝听了，也哈哈大笑起来。

【评析】在这个故事中，东方朔以幽默的语言，用嘲笑彭祖的方式讽刺汉武帝的荒唐。东方朔的批驳机智含蓄、风趣诙谐，令面有不悦之色的皇帝也不禁要哈哈大笑起来，并且很愉快地认输。在反驳过程中，运用讽刺幽默，可以收到事半功倍的效果。

在运用讽刺幽默时，应该把握好度，把讽刺锋芒隐藏在幽默之中，从而在笑声中给对手以沉重打击，但如果采用恶语中伤，则会起到相反的效果。因此，运用讽刺幽默，应该

"当出手时才出手"。

5. 适当自嘲

幽默一直被人们称为只有聪明人才能驾驭的语言艺术，而自嘲又被称为幽默的最高境界。由此可见，能自嘲的必须是智者中的智者、高手中的高手。自嘲是缺乏自信者不敢使用的技术，没有豁达、乐观、超脱、调侃的心态和胸怀，是无法做到的。人们可用它来活跃谈话气氛，消除紧张；在尴尬中自找台阶，保住面子；在公共场合获得人情味。

> **事例**
>
> 某老师说话有广东口音，普通话不过关。该老师有一次上语文课，讲到某一问题要举例说明时，把"我有四个比方"说成了"我有四个屁放"，一时教室里像炸开了锅，学生笑得不可收拾。该老师灵机一动，马上吟出一首打油诗："四个屁放，大出洋相，各位同学，莫学我样，早日练好普通话，年轻潇洒又漂亮。"老师的机智幽默赢得了学生的热烈掌声。

【评析】这位教师大胆自嘲，既显示出自信，维护了面子，又展示了他出色的才华，谁能不佩服他呢？

> **事例**
>
> 在某俱乐部举行的一次招待会上，服务员倒酒时，不慎将啤酒洒到一位宾客那光亮的秃头上。服务员吓得手足无措，全场人目瞪口呆。这位宾客却微笑着说："老弟，你以为这种治疗方法会有效吗？"在场的人闻声大笑，尴尬局面即刻被打破了。

【评析】这位宾客借助自嘲，既展示了自己的大度胸怀，又维护了自我尊严，消除了耻辱感。适时适度地自嘲，显示出一个人的良好修养，它是一种充满活力的交际技巧。自嘲能制造出宽松和谐的交谈气氛，能使自己活得轻松洒脱，使人感觉到你的可爱和人情味，有时还能更有效地维护面子，建立起新的心理平衡。

6. 将谬就谬

即不要立即纠正对方的荒谬，而是模仿他的推理方法，使戏谑升级。这种幽默的特点是后发制人，关键不在于揭露对方的错误，而是在荒谬升级中共享幽默之趣。

事例

一位小姐与一位先生在聊天。小姐认为世界上最锋利的是这位先生的胡子。这位先生不解。小姐说:"你脸皮这么厚,但是你的胡子居然还是能破皮而出啊!"

先生反问:"小姐,你知道你为什么不长胡子吗?"小姐自然不知道。"因为你脸皮更厚的缘故,连尖锐、锋利的胡子也无法破皮。"

【评析】这位先生反攻小姐的根据并不是另行构思的,而是从小姐攻击他的逻辑引申出来的。即我有胡子是因为胡子尖利刺透了皮肤,而你没有胡子则是因为你的脸皮更厚,再尖利的胡子也无用,同样的前提得出相反的结论,指向不同的目标,将小姐的荒谬往更荒谬处推演。这既能显示出说话者的智慧,又因为表现形式轻松而显示出说话者的风度。

课堂活动

1. 学生讨论,帮助下面事例中的老师出主意。

一位男教师,虽然只有40多岁,但其头发却基本上掉光了,露出一片"不毛之地",常有学生在背后叫他秃顶老师,他该怎么办?

2. 分析以下事例,指出幽默运用得是否恰当,为什么?

一位朋友正在为失去亲人而伤心,你对那位在灵前落泪的朋友说:"去世的那位先生一定是个个性强硬的人,你看,他现在从头到脚都是僵硬的。"

3. 若是在愚人节发生下面的事,又该如何?

1)某人在街上散步,突然背后传来吆喝:"请让开,便桶来了!"他急忙闪开,只见一辆自行车匆匆而过,上面是一个小伙子带着个漂亮姑娘。

2)某人到澡堂洗澡,洗完澡后发现他的衣服却不翼而飞了。

3)某学生去上课,教室里却空无一人。

4)一个足不出户的小伙子突然接到一个姑娘约会的电话。

参考答案

1. 该老师在课堂上向同学们讲明了自己因病而大量脱发的原因,最后,还加上了这样一句自嘲:"头发掉光了也有好处,至少以后我上课时教室里的光线可以明亮多了。"同学们发出一片友好的笑声,此后再也没有人叫他秃顶老师了。

2. 在庄重的社交活动中,任何戏谑的话语都可能招来非议,让人反感,严重影响你的个人形象。事例中的幽默几乎可以肯定会受到痛斥。

3. 在愚人节,捉弄他人或被他人捉弄都是高兴、开心的事,但是,若发生在其他的时候,则会使人觉得无聊,甚至引起他人的反感——幽默要讲究时机。

（三）运用幽默时应注意的问题

培养起一定的幽默感并不难，但是要做到能够恰当地把握幽默的尺度，却并不是一件容易的事情。凡事均讲究适度，幽默亦如此。在生活中，适时适地运用幽默，才能使相互之间的关系更加和谐、亲密。否则会适得其反。因此，我们在运用幽默时，必须注意以下问题。

1. 幽默勿以讥讽他人为乐事

苛刻的幽默很容易变成残忍，使他人受到伤害，陷于焦虑之中。通常，讽刺、攻击、责怪他人的幽默，也能引人发笑，但是它却常常造成意想不到的后果，使本应欢乐的场面变得十分难堪。

> **事例**
>
> 一位中学教师到某地出差时，拎了一兜香蕉去看望一个多年未见、新近升为副处长的老同学。老同学心宽体胖，雍容富态，开门见到昔日的同窗好友，一边把老同学让进屋，一边指着他手中的提兜戏谑道："你何时落魄到走门子了？本处长清正廉明，拒绝歪风邪气和腐蚀贿赂。"一句讥讽的调侃使教师受了伤，教师顿生反感，扭头就走了。

【评析】幽默既不等同于一般的嘲笑、讥讽，也不是为笑而笑或轻佻造作的贫嘴耍滑。幽默是人有修养的体现，它与中伤截然不同；幽默笑谈是美德，恶语中伤是丑行。

2. 慎用恶作剧

恶作剧有时可以产生幽默效果，但是使用时一定要注意分寸。

> **事例**
>
> 一次，一个男士在某位女同事的抽屉里悄悄放进了一只死耗子，或许他只是想跟她开开玩笑，但结果那位女同事受到这突然的惊吓后，自此以后精神变得过度紧张，心情也变得长期抑郁。

【评析】过火的恶作剧很伤人，所以，恶作剧一定要限于天真无邪的玩笑才行，只有这样，才不会伤害到他人。善意的恶作剧，幽默情趣很浓，自然能给平淡的生活带来清新的空气，让人开心；捉弄人的、不怀好意的恶作剧，不但令人生厌，而且会恶化人际关系。

3. 把握好幽默的度量

一句幽默的妙语可以为沟通带来契机和轻松的气氛，但是，过分堆砌妙语、笑语、警句和讽喻却只能阻塞沟通。因为"幽默轰炸"通常都会导致思维紧张，使人不知如何是好。过分的幽默往往也会使人产生古怪的感觉，尤其是面对刚开始交往的人，你滔滔不绝，笑话连篇，表现出很风趣、很有才华的样子，只会让人反感，使人觉得你过于油嘴滑舌、轻飘虚伪，喜好卖弄自己。

幽默是一柄双刃剑，是一朵带刺的玫瑰，任何轻率、莽撞的话语都将令自己饱尝苦果，使潇洒轻松走向它的反面。

（四）幽默须具备的本领

1. 积极乐观面对人生

生活不是一帆风顺的，无论发生什么事情，都要想到人生是快乐的。拥有积极的人生观、开朗的个性，不去自怨自艾，即使真的发生了什么事情，也能够气定神闲，平静地面对。

2. 追求知识的广泛

广博的知识是幽默的源头，生活中要多阅读报纸杂志，多收藏奇闻轶事，多关注运动、戏剧、文化、国际关系、新闻、影视等，让自己具备更多方面的基本常识，成为一个见闻广博的人。

3. 多学一些方言

如果用一些方言，如东北腔、广东调、山东话等来说笑话，再加上幽默的内容，幽默效果会倍增。

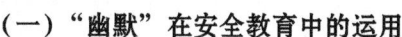

（一）"幽默"在安全教育中的运用

利用移花接木的方式，将一些电影里的经典台词和对白以及大家比较熟悉的广告词或诗词名句进行改编，再加上安全的内容，以此达到幽默的效果。

1. 电影《天下无贼》中葛优的台词：

我可以负责任地告诉你，安全很重要，一定要重视，说句有技术含量的话：安全第一，预防为主。

2. 流行歌曲《吉祥三宝》改编成安全版：

阿爸！哎！你的头上怎么有包哇？闯红灯，撞了。那里怎么还有一个疤呀？越栏杆，摔的。你还有哪里疼呀？这里被车"碰"了。不遵守交通规则就没有幸福的一家。

阿妈！哎！你今天怎么老上厕所？肚子疼。你为什么会肚子疼？我吃了羊肉串和冰棍。你这样饮食不卫生。对呀！不注意饮食卫生就没有美满的一家。

宝贝！啊？明天又要上学了。对呀！走楼梯要走慢些！好的。下课别追逐打闹！嘻嘻嘻……健康快乐成长才有可爱的一家。

3. 床前明月光，疑是地上霜。举头望标语，工作莫违章。

4. 生命诚可贵，安全价更高。若要二者顾，必须守规章。

（二）课后阅读

请阅读《脱口幽默》一书，美国鲍勃·纽哈特著，柳祯啸编译。

四、真诚道歉

在完美的世界里不需要道歉，可现实世界并不完美，所以，我们不能没有道歉。

"人非圣贤，孰能无过。"与人交往，难免说错话、做错事，也就难免得罪人，有时甚至会给他人带来精神上的巨大痛苦或经济上的巨大损失。对此，若是能及时认识到自己的错误，诚恳地向他人道歉，并主动承担责任，一般情况下，是能得到他人原谅的。倘若你发现自己错了，却不及时向他人道歉，甚至千方百计找借口为自己辩解，其结果不仅得不到他人的谅解，相反，还会受到道德上的谴责，人格、形象上也会受到损害，使你失去朋友和友谊。因此，任何人都不要小看了道歉的作用。

道歉，是一种可以让生活变得更加美好的处世方法。人的一生中有许多打不开的结，唯有自省的人，才能在关键时刻，巧用道歉的方法，解开许多看似无法解开的结，化危机为转机。

（一）道歉的作用

真诚的歉意，总会打动自己所伤害的人的心，就如同一缕春风拂过历经冰霜的面颊，让人感觉到温暖，进而消除彼此间的隔阂。

1. 真诚的道歉可以修补关系

当双方的关系因其中一方的冒犯而产生裂痕时，道歉可以弥合这种裂痕。

> **事例**
>
> 第二次世界大战中，德国的纳粹组织曾经杀死了欧洲许多无辜的人。全世界的人们一提到纳粹，无不露出愤怒的神色，忍不住要破口大骂起来。
>
> 但是，德国人用自己的真诚化解了这种仇恨。1970年，德国时任总理勃兰特在

华沙犹太殉难者纪念碑前，出人意料地双膝下跪，沉痛谢罪，赢得了人们的尊重。德国前任总理施罗德也面对华沙起义死难者纪念墙深深鞠躬，代表德国政府对当年纳粹的暴行表达了羞愧和道歉。德国政府在柏林市中心当年希特勒自杀的遗址附近，建造了占地 2 万平方米的大屠杀纪念碑林，旨在纪念 600 万在第二次世界大战中死难的犹太人，再一次向世界表明"不忘历史"的决心。德国人深刻反省的态度，得到了欧洲人民的宽恕和谅解。

相反，日本政府官员年年参拜靖国神社，中国和亚洲其他各国年年抗议。日本政府也年年道歉，但是，就是没有深刻反省。这种参拜—抗议—道歉—再参拜—再抗议—再道歉的局面不断循环，让亚洲各国心寒。

【评析】真诚的道歉是明智之举，这意味着要深刻反省自己的错误。德国人用真诚、深刻反省的态度来对待过去纳粹的暴行，得到了欧洲人民的宽恕和谅解。

2. 道歉可以提升威信

道歉在生活中是再平常不过的事情了。道歉绝不是一件丢脸的事，也不会使人的威信一落千丈。道歉如果得当，对个人名誉和人际关系均有促进作用，甚至可以提升人的威信。

事例

一名女学生上课迟到 10 分钟，班主任不问青红皂白，当着全班同学狠狠地批评了她一顿，学生含着眼泪想说些什么，班主任挥了挥手，不容辩解。后来，班主任从该学生的日记中了解到：女同学之所以迟到了 10 分钟，是因为她妈妈的电动车半途熄火，没办法，只好叫了辆人力三轮车，尽管一路上催促着，结果还是迟到了。第二天上课，老师当着全班同学的面，很认真地承认了自己的错误，并向这位同学道歉。还表态："事实比老师的面子重要。我们只要事实，不要面子。欢迎同学们给老师指出错误。这样做不是使老师丢面子，而是帮助老师完善自我！"课堂上响起了一阵热烈的掌声。老师的真诚道歉，感动了学生，对老师更加尊敬，没有了迟到现象，而且，同学之间有了矛盾，也能互相赔礼道歉。

【评析】教师敢于在课堂上当众道歉，不失为一种勇气和真诚，让学生在老师坦荡、真诚的道歉中，感受为人师表的人格魅力。适宜的赔礼道歉不但不会有失身份，还会显示出道歉者的大度，提升道歉者的威信。

3. 道歉是一种沟通方式

人与人之间的摩擦大多都是由于彼此缺乏了解而造成的，有时甚至没有人犯错，只是一点误会就会造成双方之间产生不可调和的矛盾，而这本来是可以避免的。犯错的时候，犯错方为错误道歉实属应该；没有犯错的时候，道歉体现的是一种态度，它的潜台词是："我愿意沟通，我愿意了解对方，我愿意站在对方的立场来思考问题。"

当道歉成为一种习惯，沟通将无处不在。

道歉，可以选择各种方式，但唯一不能用的方式是：拒绝道歉！

课堂活动

学生分组讨论，找出自己听过或知道的最糟糕的道歉，每个组派代表发言，最后由教师总结。

在人际交往中，每个人都难免会无意间得罪他人，伤害彼此间的感情，造成不愉快，甚至产生交际上的困难。冤家宜解不宜结，要处理好这种问题，最直接的办法就是道歉。道歉是否被接受，你可能无法预测，但是道歉是否做得好，你是完全可以控制的。道歉，就是向对方表达出我们内心深处真诚的歉意。但是歉意的表达并不仅仅是一句"对不起"就能了结的，而必须把握一定的技巧，否则便难以取得良好的效果。

（二）道歉的方法

1. 道歉语应当文明而规范

有愧对他人之处时宜说："深感歉疚""非常惭愧"；渴望得到他人谅解时需说："多多包涵""请您原谅"；有劳他人时可说："打扰了""麻烦了"。一般场合时则可以讲："对不起""很抱歉""失礼了"。

课堂活动

下面8种情景中应用什么道歉语？

情景1 在餐厅打翻年轻女士的咖啡。
情景2 借了老师的书，延期才还。
情景3 维修人员发现由于你的错误放置，影响了空调制冷。
情景4 同学让你帮他买书，你却忘了买。
情景5 打了公用电话，却忘了付钱。
情景6 因你疏忽大意，丢了同学新买的随身听。
情景7 公共汽车上不小心踩到了老太太的脚。
情景8 玩耍时不小心弄坏了邻家小孩的玩具。

2. 道歉要选择适宜的机会、适当的场合和恰当的方式

一个人知道自己错了，马上就要说"对不起"，否则拖得越久，就越会让对方"窝火"，越容易使人误解，而且你也越不好开口。道歉要善于把握适当的时机，应选在对方心平气和、有喜事临门等心情较好的时候。"人逢喜事精神爽"，这时，他更容易接受你的道歉，与你握手言欢、重归于好。当然，时间宜早不宜迟。道歉要善于选准适当的地点，最好是亲自上门道歉，或约对方到一个环境优雅安静的地方，双方都能平心静气，自然也就容易推心置腹、开诚布公地谈一谈心，化干戈为玉帛。

> **事例**
>
> 北京电影学院表演系有一位女学生，来学校之前，因为想学习表演艺术与母亲争执不休，母亲拗不过女儿，勉强同意女儿上学。三年后，表演系的毕业大戏《下辈子，你做什么？》即将上演，母亲如约来到了剧场，座位上摆着一大束洁白的鲜花。当女儿演完了全剧，谢幕发表感言时，母亲的眼泪已经逼到了眼眶。这时，女儿看着自己的母亲说："妈，如果我有下辈子，我还做您的女儿！"女儿的道歉方式出乎预料，母女俩瞬间化解了三年的冷战，母亲积压了三年的愧疚之情，像井喷一样爆发出来，她踉跄地扑到台上，与女儿紧紧地拥抱在一起。三年的误解瞬间释怀。

【评析】道歉需要技巧，女儿选择了恰当的时机，用特殊的方式向母亲道歉，也为母亲向女儿表达歉意找到了最佳方式。

3. 道歉要堂堂正正、大大方方

道歉绝非耻辱，故而应当堂堂正正、大大方方，完全彻底，不要遮遮掩掩，"欲说还休，却道天凉好个秋"；也不必奴颜婢膝。一个人想纠正错误，这是值得赞赏的事，不要过分贬低自己，说什么"我真笨""我真不是个东西"，这可能让人看不起，也有可能让人得寸进尺，欺软怕硬。

> **事例**
>
> 大人物有时也道歉，丘吉尔起初对杜鲁门的印象很坏，但后来他告诉杜鲁门说以前低估了他，这是以赞誉的方式表示歉意。解放战争时期，彭德怀元帅有一次错怪了洪学智将军，后来彭德怀拿了一个梨，笑着对洪学智说："来，吃梨吧，我赔礼（梨）了。"说完两人一起哈哈大笑起来。

不该向对方道歉的时候，就千万不要道歉，不然对方肯定不会领你的情，搞不好还会因此得寸进尺，为难于你。即使有必要向对方道歉时，也要切记，重要的是要使自己此后

的所作所为有所改进,不要言行不一,依然我行我素,让道歉仅仅流于形式,这样只能证明自己做人缺乏诚意。

4. 道歉可借助于"物语"

在向他人道歉时,有些道歉的话可能当面难以启齿,这时,可以把道歉的话语写在信中给他(她)寄去;还可以让一束鲜花充当道歉的使者;或送一件小礼物放在对方的餐桌上或枕头下,表明悔意。其实,即便彼此不交谈,触摸也可传情达意,这就是所谓的"此时无声胜有声"。这类借物传情表意的道歉"物语",往往会收到很好的效果。

1)向同事或朋友道歉时,可以这样做:

写一封道歉信,和电影、音乐会等入场券一起装进信封里;或亲手制作蛋糕之类的食品送给对方;或送些小工艺品等给对方;或买束鲜花,附上贺卡,在上面写上你真诚的歉意。

2)向父母长辈道歉时,可以这样做:

给父母买件衣服、鞋子什么的,父母即会理解自己的孩子;送点保健补品,或者其他的美食礼品;送保健方面的日用品等,如茶枕、足疗仪等。

3)向恋人或配偶道歉时,可以这样做:

送对方喜欢的毛绒玩具,然后一起去大吃一顿;购买两张旅行车票或机票,然后一起去旅行,轻松轻松;送对方比较实用且美观的物品,如真丝睡衣、领带、钱包等;送对方精美挂饰,或对方喜欢的其他物件;送一束花,附上贺卡,在贺卡上用荧光笔写上"对不起",再画一个弯腰赔礼的人。

| 课堂活动 |

1. 回想你最近一次向其他人说"对不起"的经历,当时的具体情形是怎样的?说声"对不起"后事情的结局发生了怎样的变化?

2. 给父亲或母亲写一封信,向父母承认自己的错误并道歉。

3. 请曾经侮辱过其他同学的学生当众向被其侮辱过的同学道歉。

4. 把自己听说过或经历过的最有意义的三次道歉写或说出来,找出三个例子的共同点。

5. 你自己最希望在其他人的道歉里听到什么?

`课后拓展`

(一)道歉感言

道歉是醉人的香水,它能把最难堪的记忆变为最珍贵的礼物。

——玛格丽特·李·朗贝克

真心、及时地道歉，需要强大的人格力量。

——斯蒂芬·科维

道歉是生活的万能胶，它可以修复世界。

——林恩·约翰斯顿

我们这一代人最伟大的发现是：人类可以通过道歉的态度来改变人生。

——威廉·詹姆斯

（二）道歉九句话

对不起，我实在/很/非常抱歉。

我道歉/请接受我的道歉。

我对（某件事）感到非常抱歉。

我不是故意的。

全是我的错。

我怎么会那么粗心大意呢？

我要怎样才能补偿你？

我永远不能原谅自己。

你会原谅我吗？

（三）日常生活中经常遇到应道歉的情形

1. 在公共场所碰撞了他人，如在公交车上挤了、踩了他人；不小心碰落了他人的随身物品，应该说"对不起"。
2. 在狭窄通道中，需在他人面前勉强通过时，要说"对不起，请让一下"。
3. 有急事必须打断他人的谈话时，理应说"对不起，打断一下"。
4. 打扰他人工作和休息时，需要说"对不起，打扰了"。
5. 没注意遮住了他人的视线或光线，说上一句"对不起"也是应该的。
6. 自己失礼、失陪、失约或失手时，应该对他人道个歉，请求原谅。
7. 未能办好别人托付的事情时，要道歉，争取他人的谅解。

（四）测试你的道歉技巧

"对不起，我不是故意的……"

朋友之间如果发生了小摩擦，怎样才能打破尴尬、和好如初呢？你可以把你的朋友都列出来，看他们是属于哪一种类型。

例如，棒球场上有投手、接球手、垒手和外场手，看看你的朋友可以胜任哪一个位置？

测试结果

被你放在垒手位置的朋友：

他属于不太拘泥于小节的类型，只要他人豪爽道歉就能够立刻与人冰释前嫌、言归于好。最怕他人总是吞吞吐吐、磨磨蹭蹭。朋友之间一句深情的"对不起"，或者一个深情的拥抱，距离一下子就被拉近了。

被你放在接球手位置的朋友：

这种类型的朋友属于不管怎样都要对方先听自己这方面说辞的类型，所以，你也好好理顺条理说出自己的想法吧。不过，不变的理由和使用心计，也会使对方不愿意听你再讲下去。你会对这类朋友很无奈，你得忍得住他的言语攻击，你们的关系就算有救了。

被你放在外场手位置的朋友：

对方是相当悠闲自在的类型，所以直接道歉还不如打电话或发电子邮件道歉来得有效。

被你放在投手位置的朋友：

他的自尊心很强，平时总占上风。和他这样倔强性格的人吵架算你倒霉，你只好先向他道歉吧，通过道歉你们就会意外地和好。不过，如果你不低头，冷战说不准要僵持到何时。

（五）道歉问卷

这个问卷旨在帮助你学会怎样使用道歉语言。认真阅读这 20 个假设情景，如果这样的事情恰好发生在你的生活中，你最有可能做出什么样的反应？请在相应的选项上打钩。

在每一种情形中我们都假定：你们之间保持的相互尊重、相互体谅的态度对双方都有利。换句话说，如果对方以某种方式破坏了一段对你来说非常重要的关系，他（她）应该如何为自己的冒犯行为向你道歉。同时，还要假设"冒犯者"已意识到了自己的冒犯行为，你已经明确、直接地表示过自己受到了伤害。

下面这 20 种情景中，有些情景选项非常相似，不要过分注意它们的相似之处，把主要精力集中在你选择的最有可能的第一反应上，然后继续做下一项。

1. 你的爱人忘了你们的结婚纪念日（如果你未婚，请假设自己处于这个情景中）。他（她）应该说：

——◇ "不敢相信我竟然忘了。你和我的婚姻对我来说很重要。我非常抱歉。"
——○ "我说什么也不该把这事给忘了。我当时想什么呢？"
——△ "我能做些什么来证明我对你的爱？"
——□ "我保证明年一定不会再忘了，我会在日历上把那天圈出来。"
——☆ "我知道你受到了伤害，可是你能原谅我吗？"

2. 你的妈妈明明知道你对某件事情的感受，可还是违背你的意愿去做了。她应该说：

——○ "如果我当时好好想一下自己的做法，我就会意识到那样做是错误的了。"
——△ "我能做些什么来重新得到你的尊重呢？"

——□"以后我不会再这样不在乎你的感受了。"

——☆"请你再给我一次机会,好吗?"

——◇"我明知道你的感受,但还是违背了你的意愿,我真希望自己没那么做。"

3. 你处于一场危机中,需要帮助,但你的朋友却无视你的处境。他(她)应该说:

——△"光说'对不起'似乎是不够的,我应该怎么说或者怎么做来修补我们的友谊呢?"

——□"我现在才意识到,我当时本来可以帮助你的,以后你要是再有困难的话,我保证会全力以赴地帮助你。"

——☆"我真感到抱歉,请你原谅我。"

——◇"我本应该在那里帮助你,我让你失望了,对不起。"

——○"我在你最需要我的时候让你失望了,我犯了一个非常严重的错误。"

4. 你的姐妹刻薄地评论了你,她应该说:

——□"我以后还可能会说错话,但我从这件事中得到了教训,我以后不会再对你说刻薄、伤害的话了。"

——☆"我搞砸了,你能原谅我吗?"

——◇"我那样说话太欠考虑了,我真希望当时多考虑一下你的感受。"

——○"我知道我那么说不对,我伤害了你的感情。"

——△"请允许我收回我所说的话好吗?我愿意找机会恢复你的名誉。"

5. 虽然你没犯什么明显的错误,但是你的爱人还是愤怒地指责了你,他(她)应该说:

——☆"我真的非常抱歉对你大喊大叫,我希望你能从内心里原谅我。"

——◇"真希望我的大喊大叫没有伤害你,我对于自己那样对待你感到非常难过。"

——○"我当时很生气,但无论如何我也没有权利那么对你讲话,你不应该受到那样的对待。"

——△"我应该怎么说才能解决我们之间的问题呢?"

——□"我担心自己以后还会那么做,而我并不想那么做,你帮我想个办法,让我以后不再乱发脾气,好吗?"

6. 你为自己的成绩感到自豪,但你的朋友却对此不屑一顾,他(她)应该说:

——◇"你想和我一起分享成功,可我却给你泼了冷水,我真后悔自己的不恰当反应。"

——○"我破坏了你的兴致,我没有为你感到高兴。我虽然有些理由,但我绝不应该无视你的成就。"

——△"我们现在庆祝你的成就会不会太晚了啊?我真想找个机会补偿你。"

——☆"我知道我过去让你失望了，但请你原谅我，好吗？"

7. 你的生意伙伴忘了就一件关系到你们双方利益的事情咨询你的意见，他（她）应该说：

　　——○"这次我真搞砸了，我没和你商量就做了决定，我错了。你有理由对我生气。"

　　——△"我能做点什么来弥补你的损失？"

　　——□"以后无论什么事我都会事先和你商量，做决定时绝不会再忽视你了。"

　　——☆"你完全有理由生我的气，但是，请你原谅我，好吗？"

　　——◇"我知道我给你造成了很深的伤害，我为我的做法感到非常内疚。"

8. 你的同事无心之中开了你的玩笑，并且让你在其他同事面前感到难堪，他（她）应该说：

　　——△"我能做些什么来修复我们的关系？你希望我在其他人面前向你公开道歉吗？"

　　——□"我似乎很容易忽视他人的感受，但我今后希望能照顾到你和其他人的感受。你能帮助我实现这一点吗？"

　　——☆"我不是故意伤害你的，现在我能做的只能是请求你的原谅，并努力做到不再犯同样的错误。"

　　——◇"让你那么尴尬，我感到非常抱歉。真希望时间能倒流，那样我会说些合适的话。"

　　——○"我那么做太欠考虑了，我自以为自己的话很幽默，但显然，我的话对你造成了伤害，我的话一点也不幽默。"

9. 你正在告诉朋友一件非常重要的事情，而他（她）却不感兴趣，他（她）应该说：

　　——□"这次我把事情搞砸了，但是我向你保证，以后你告诉我重要事情时，我一定聚精会神地倾听。"

　　——☆"对不起，我当时没有认真听你说话，你可不可以原谅我？我希望你能原谅我。"

　　——◇"你说话的时候我没有仔细听，对此我感到很抱歉。我清楚一个人有重要话要说的感觉，我很后悔当时没认真听你说。"

　　——○"倾听是构成牢固关系的重要元素之一，但我又一次忘记了。你需要我听你说话，而实际上我忽视了你的需要。"

　　——△"我们能再来一次吗？你说，我听着，我会聚精会神的。"

10. 你的哥哥认识到，是他犯的错误造成了你们俩先前的冲突，他应该说：

　　——☆"我很抱歉，请你原谅我，好吗？"

　　——◇"在如何处理我们之间的分歧这一点上，我对自己很生气。我的行为有损于我们之间的关系，我对自己当时的表现感到后悔。"

——○"我承认我错了。要是我当时就认识到这一点，我们之间就不会有这么多麻烦了。"

——△"我能做些什么来修复我们之间的关系吗？我觉得自己应该做些什么来重新赢得你的尊重。"

——□"将来如果我们对某一问题的看法有分歧的时候，我会在作出判断之前全面收集事实根据，那样，我们之间就会省去一些不必要的争吵。"

11. 尽管你已经多次对爱人的某一习惯表示过反感，但是他（她）还是继续用这种行为来烦扰你，他（她）应该说：

——◇"我这次做得太过分了，对不起，我没有更多地体谅你的感觉。如果我是你的话，我也不会开心的。"

——△"光说'对不起'是难以修补我们之间关系的，我做些什么才能让你觉得好受些呢？"

——□"我已经养成了忽视他人感受的习惯，以后我不想再那样了。从现在开始，我会努力养成重视他人感受的习惯。"

——☆"我当时自以为在考验你的耐性，现在我请求你原谅我，今后我会尊重你的愿望，你能给我一次重新开始的机会吗？"

12. 你和父亲就某事未达成一致，于是父亲故意"不搭理"你，令你感到内疚，他应该说：

——○"我感到很内疚，我们可以坦诚地交换意见，即使我们的看法不一致，我们是可以保留各自意见的，我不应该冷落你。"

——△"我希望能做些什么来补偿你，我希望你不介意我之前不搭理你。我们今晚一块出去吃饭好吗？"

——□"今后，我会更诚实地说出自己的感受，再也不会让你因为不同意我的想法而感到内疚了。"

——☆"虽然我希望你能原谅我，但是否原谅，决定权在你。"

——◇"你已经是个成年人了，应该有自己的看法，我不应该干扰你独自做出决定。"

13. 一个生意伙伴没能信守承诺，这使你失去了一单重要的生意，他（她）应该说：

——□"现在做什么都已经晚了，但我非常想在今后避免这类错误的发生。让我们来讨论一下，我今后应该怎么做才能使自己信守承诺。"

——☆"考虑到我给你带来巨大的经济损失，我不指望你能够原谅我，但如果你能够原谅我的话，我会十分感激。"

——◇"对不起，我本来承诺我这次会做到的，但我不仅辜负了你的信任，而且使你错过了成交的最后期限。我知道这件事损害了你的信誉和我们的伙伴关系。"

——○"我这次真的搞砸了，让你因为我的缘故错过了成交的最后期限。"

　　——△"事已至此，我能做些什么来弥补你的经济损失吗？"

14. 你的邻居让你在音乐厅门口等他（她）一起听音乐会，但是他（她）却没有来，你的邻居应该说：

　　——☆"我们的友谊真的很重要，我希望你不要就此放弃我，请你原谅我这次爽约，好吗？"

　　——◇"对不起，我让你一直在那儿等我。你对我来说非常重要，我说我会去，就应该去，这样才是对你的尊重。"

　　——○"你一直在那儿等我，盼望我随时出现，而我让你失望了。如果我能重新安排我的时间，我一定会赴约的。这件事完全是我不好。"

　　——△"让我们去听另一场音乐会吧。这次你的门票由我来买，就算是我对上次爽约的道歉吧！"

　　——□"今后我会好好安排我的时间，分清事情的轻重缓急，这样我就可以更好地经营我们的友谊。"

15. 你朋友的孩子在你们家玩的时候打碎了你的一件心爱之物，这位朋友应该说：

　　——◇"我知道这是你最珍爱的东西之一，我对发生这样的事情感到很抱歉。"

　　——○"我本应该好好看住我的孩子，没留意他的举动是我不对。要是我当时更细心些的话，这样的事情就不会发生了。"

　　——△"我可以补偿你这件东西吗？我能为你再买一件一样的吗？我应该怎样补偿你呢？"

　　——□"我保证日后认真爱护你的物品，下次再来你家，我会让孩子在'禁区'以外玩耍。"

　　——☆"你有理由不开心。尽管你很失望，我还是希望你能够原谅我并继续做我的朋友。"

16. 一位同事因为一个项目的失败而责备你，让你承担全部责任，尽管他（她）也应该为此承担一部分责任，他（她）应该说：

　　——△"无论是什么理由，我都不应该那么说。能让我心里坦然的唯一办法是实事求是地看待项目的失败，而不能将责任归咎于某一个人。"

　　——□"今后我会公正地对待我的同事，我希望这次经历能帮助我成长。"

　　——☆"请原谅！我指责你是不对的，我恳请你原谅我。"

　　——◇"真不敢相信我竟然那样指责你，我真为自己的行为感到羞愧，对不起。"

　　——○"这次项目的失败，我和你还有大家一样都有责任，我应承担我应负的责任。"

17. 尽管你的同事承诺保守你的秘密，但他（她）还是辜负了你的信任，把你的秘密告诉办公室的其他人了，他（她）应该说：

——○ "我向你承诺为你保守秘密，但我没能遵守诺言，我辜负了你对我的信任，我犯了一个严重的错误。"

——△ "请告诉我，我该怎么做才能让你重新相信我呢？"

——□ "你可能要过很长时间才能恢复对我的信任，但从现在开始，我会努力向你证明我是值得信任的。"

——☆ "你不必马上回答，请你考虑原谅我这次犯下的错误，好吗？"

——◇ "我当时没想到说出你的秘密会给你造成伤害。我没能认真地信守我对你的承诺，对此我真的非常抱歉。"

18. 你的同事在其他同事面前说了你的坏话，他（她）应该说：

——△ "我愿意做任何事来纠正我的错误，我需要在大家面前向你道歉吗？"

——□ "如果我以后再对你有什么看法，保证不会到处乱说；相反，我会直接来找你，坦率地说出我的想法。"

——☆ "你可能无法原谅我，至少现在是这样，但是，我希望有一天你能够原谅我。"

——◇ "我说的话很不友善，我后悔自己说了那些话，希望能够收回。"

——○ "我当时的心态不对，根本就没去想你的种种优点，我不应该在他人背后嚼舌头。"

19. 尽管你对单位有贡献，但你的上司单单挑你的缺点批评你，他（她）应该说：

——□ "你努力工作应该得到肯定，我以后会公正地看待这一问题。"

——☆ "我希望这件事没有破坏我们的关系，请你接受我的道歉，好吗？"

——◇ "我很抱歉在批评你时没有先肯定你的优点，我以后会注意这一点的。"

——○ "我忽视了你的成就，这可能会让你觉得自己的工作一无是处。作为你的上司，我本应该更多地表扬你，肯定你在工作中所取得的成就。"

——△ "我怎么做你才能原谅我呢？要我把你表现突出的地方写下来吗？"

20. 在外用餐的时候，服务生把食物掉到了你身上，弄脏了你的衬衫，他（她）应该说：

——☆ "请您原谅我的粗心，好吗？"

——◇ "我很抱歉弄脏了您的衬衫，给您带来了不便，我真的感到很抱歉。"

——○ "我平时都挺小心的，这次我真是粗心了。这件事我负全部责任。"

——△ "我愿意付给您清洗衬衫的费用，或者出钱为您买件新衬衫。您觉得我怎么做才合适呢？"

——□ "这件事让我得到了很大的教训，请您相信，今后在为顾客服务的时候我会加倍小心的。"

记录并解读你的分数。

回到问卷开头,数一数你在各个图形前面打钩的次数。然后,把总数分别填在下边相应的横线上。例如,如果你在□上打了8次钩,就在下面□上方的横线上填上数字"8"。

———   ———   ———   ———   ———
 ◇   ○   △   □   ☆

你可能已经猜到了,每一种图形都代表一种道歉语言。◇=表达歉意,○=承担责任,△=进行赔偿,□=真心悔改,☆=请求原谅。在回答这20道情景问题的过程中,你选择最多的那个图形代表的就是你的主要道歉语言。

五、批评有方

有人说,赞美如阳光,批评如雨露,二者缺一不可。这话是有道理的。我们在与人沟通中,既需要真诚的赞美,也需要中肯的批评。"金无足赤,人无完人。"人这一辈子,谁能没有过错?如果我们能够恰当地对他人的过错提出批评,不但不会影响彼此之间的关系,而且还会巩固和加深彼此之间的友谊。

(一)批评的作用

在我们的工作和生活中,批评和表扬都是必不可少的,因为每个人都有缺点,只有认识到自己的缺点,才有可能进步。自己认识不到,就得靠其他人来帮助,这就是批评的价值所在。批评是监督,是鞭策;批评也是一种关怀,一种爱护。常见的情形是,不管你有多少缺点和错误,与你无亲无故、毫无感情的人,只要不碍他的事,就只会漠不关心、不管不问;只有良师益友,才会抱着对你负责的态度,以诤言相告。所以,应该抱着积极的态度对待来自他人的批评。

人人都喜欢表扬和赞美,批评总是令人难堪的。但是,"人非圣贤,孰能无过。"如果我们发现其他人的错误而不指出,甚至还要随声附和,那会是件多么令人难过和不安的事情。因此,要摆脱"说"还是"不说"这种左右为难的尴尬局面,需要掌握批评的技巧。让人心悦诚服地接受批评的关键在于采用得当的态度和恰当的方式方法。

(二)批评的方法

如果你在批评他人时,总是一味地指责对方或简单地告诉对方你的看法,你就会发现,除了被对方厌恶或抵制外,你将一无所获。因为,没有人喜欢被批评。然而,如果你能以正确的方式方法批评他人,他人就会虚心地接受你的批评了。

1. 顾及他人颜面

人难免会犯错,伟人也好,普通人也罢,随时都可能出现过失。不管是谁,当他做了错事的时候，内心总是充满愧疚、悔恨、自责甚至恐惧。因此，在指出和纠正他人的过失时，一定要注意给对方留点面子。

不要在大庭广众之下批评任何人，要采取私下交流的方式。俗话说：人活一张脸，树活一张皮。人都是爱面子的，在大庭广众之下当面指责对方，虽然你的动机是好的，你的意见也是正确的，但是你没有照顾到对方的心理，即使你很温和地批评对方，如果有第三者在场，他也会产生不满甚至怨恨，因为你让他的自尊心受到了伤害，他会做出对抗举动，与你争执甚至吵闹，这种反抗往往不是出于理智，而完全是一种情绪化的本能反应。因此，批评应该在单独相处时提出，不要在人多的地方批评他人，更不要把门打开，也不要让其他人听见，要给对方留点面子。

2. 让受批评者感知到你对他的爱

"人非草木，孰能无情"，真爱是沟通的金钥匙。我们批评他人时，不但要做到晓之以理，而且要动之以情，因为只有情通才能理达。

> **事例**
>
> 一位教师在课堂上发现一位男生总是不安静，便忍无可忍地批评他说："你怎么总静不下来？"这位一米八高的男生，正处于青春逆反期，便怒目相视，无礼地顶撞起老师来："你怎么总和我过不去？"教师发现事态严重，立即说："因为我特别地爱你啊！"全班哄笑。那男生一时无语。教师又补充说明："我发现你是一块美玉，现在却被一层顽石包裹，所以我就想多砍你几刀，让你展露出美玉的本色。你很聪明，是可造之才，但你需要有自制力啊！"

【评析】批评他人时，要体谅对方的情绪，注意态度；诚恳而友好的态度，会使对方感知到你对他的爱，从而相信你，使批评达到预期的效果。

3. 学会使用"欲抑先扬"

人人爱听奉承话。世上几乎没有一个人不因受到夸奖而心情舒畅的。卡耐基曾经说过："听到其他人对我们的某些长处表示赞赏后，再听到批评，心里往往会好受得多。"所以，当他人犯了错，为了让对方能够心平气和地接受自己的批评，可以采用"欲抑先扬"的方法，即在批评他人前，先给对方一点赞扬，或说些恭维的话，在创造出一个和谐的氛围后，再展开批评，也就是说先礼后兵，这样比直接批评更容易让人接受。

> **事例**
>
> 　　美国前总统柯立芝有一位漂亮的女秘书，人虽长得不错，但工作中却常粗心出错。一天早晨，柯立芝看见秘书走进办公室，便对她说："今天你穿的这身衣服真漂亮，正适合你这样年轻漂亮的小姐。"这几句话出自柯立芝之口，简直让秘书受宠若惊。柯立芝接着说："但你也不要骄傲，我相信你的公文处理也能和你一样漂亮的。"果然从那天起，女秘书在公文上就很少出错了。

【评析】 批评之前，不妨先赞美、表扬对方几句，使对方轻松愉快，之后再和颜悦色地说上几句批评的话，甜中带辣，较易于让对方心悦诚服地接受。

4. 良药不必苦口，忠言不必逆耳

俗话说："忠言逆耳利于行。"但在现实生活中，虽然"忠言逆耳利于行"，但人们还是更喜欢听同样利于行的顺耳之言。我们要结合实际，根据不同的对象、不同的场合、不同的时间、不同的问题，采取最艺术、最恰当的表达方式，使"良药"喝起来不苦，让"忠言"听起来顺耳。如果仅仅因为自己说的是"忠言"，就不分青红皂白、不注意方式方法，以致对方不但不接受批评，反而心生怨恨，于人、于己、于工作，都是没有益处的。

> **事例**
>
> 　　卡耐基《挑战人性的弱点》一书中有这样一个例子：一家营建公司的安全检查员的职责是检查工地上的工人有没有戴上安全帽。一开始，当发现不戴安全帽的违规行为时，他便利用工作上的权威要求工人改正，其结果是：受指正的工人常常显得不悦，而且等他离开，便又将帽子拿掉，以示反抗。于是，他总结经验，改变方式，看到有工人不戴安全帽就问，是不是帽子戴起来不舒服，或是帽子的尺寸不合适，还用愉快的声调提醒工人戴安全帽的重要性，然后要求他们在工作的时候最好戴上。这样效果比以前好多了，也没有工人显得不高兴了。

【评析】 善于批评的批评者，即使批评他人，也能做到"忠言不逆耳"，每个人都乐意接受，就像有些药丸味虽苦，但是如果在其外面裹上糖衣，就没有了苦的口感一样。于是，"药物"进入体内，药性发生了效用，疾病自然也就好了。

5. 暗示比批评更有力

当面指责他人，会造成对方顽强的反抗；而巧妙地暗示对方注意自己的错误，对方则会真诚地改正错误。

事例

一位百货公司老板每天都到他的大商店巡视一遍。有一次,他看见一名顾客站在柜台前等待,没有一人注意并接待她。那些售货员呢?她们这时正在柜台远处扎堆,又说又笑。这位老板没有说一句话,只是默默地站到柜台后面,亲自接待那位女顾客,把货物递给售货员包装,然后他就走开了。从那以后,那些服务员再也没有犯过类似的错误。

【评析】如果百货公司老板当面严厉地批评下属,只会造成对方强烈的逆反心理,即使她们表面上看起来是平静地接受了。巧妙的暗示所带来的效果远远超过当面指责。

6. 侧面委婉点拨法

我们在批评他人的时候,为了避免得罪人,可采用侧面委婉点拨的方法,使其明白自己的不满,从而避免相互之间发生对抗。

事例

小李与小张是一对好朋友,彼此都视对方为知己。有一次,本单位的青年小孙对小李说:"小李,我总觉得小张这小子为人太认真了,简直到了顽固的地步,你说是不是?"小李一听小孙的话顿生反感,心想:你怎么能在背地里贬损我的好朋友?但他又不好发作,于是假装一本正经地说:"小孙,我先问你,如果我在背后和你议论我的好朋友,他要是知道了会不会和我反目成仇?"小孙一听这话,脸"刷"地一红,不吭声了。

【评析】面对小孙的发问,小李没有直接回答"是"还是"不是",而是话锋一转,给对方出了个难题,而这个难题又正好能起到点拨对方的作用,既暗示了"小张是我的好朋友,我是不会和你在背后议论他的",又隐含了对小孙背后议论、贬损小张的不满。同时,由于这种点拨较委婉含蓄,所以也不至于让对方太难堪。

课堂活动

1. 假如你是工厂领导,你如何批评一名经常迟到的女工呢?
2. 假如你是一名教师,你如何批评一位经常迟到的学生呢?
3. 假如理发师给你理了一个失败的发型,第二天一进教室,同学们都哄笑你,请你设计个幽默的动作和语言,巧妙化解自己的尴尬。

学生分组讨论。

参考做法

1. 可以把经常迟到的女工找来单独谈谈，开始先赞美一件她做得好的事情："××，你近来生产任务完成得好，产量每天都达标，还有几天超产呢，你对我们整个组的产量达标真出力不少！"接下来就该转入正题，对她经常迟到一事进行批评了："我们是一条流水生产线，每个人都会相互影响。最近因为你经常上班迟到，致使我们组上班后第一个小时的产量经常不达标，这对我们全组是一个很大的损失。所以，希望你以后每天准时到厂上班，不拖全组的后腿。"严厉批评她后再话锋一转给她恰当表扬："不过你产量完成得好，产品品质也好，值得我们大家向你学习。"这样，将严厉的批评寓于赞美之中，在批评该员工的同时，也维护了她的自尊，既让她明白她对全组生产的重要性，也明确要求她准时上班，从而达到预期的教育效果。

2. 学生可讲述自己的经历，说出老师用什么方法批评学生最有效。

3. 面含微笑在教室前边转一圈，真诚地对大家说："很高兴能为大家带来欢笑哦。"或者说："哦，昨天理发师在我的头上发表了他的不及格的答卷啦！祝大家比我好运！"

课后拓展

（一）"肥皂水理论"来源及启示

前面所述美国前总统柯立芝对秘书进行先表扬后批评，秘书小姐愉快地改正了错误。当朋友后来问及此事，柯立芝回答："你见过理发师给人刮胡子吗？他要先给人涂肥皂水，为什么呢？就是为了刮起来使人不疼。"这就是著名的"肥皂水理论"。

启示：将批评寓于赞美之中。将对他人的批评放在前后肯定的话语之中，以赞美的形式巧妙地取代批评，这样可减少批评的负面效应，使被批评者愉快地接受对自己的批评。

（二）批评他人的具体技巧

1. "×××，我知道，你在工作中一直很努力、很积极，这很好，但是，有件事情你做得让我很难理解，你能给我详细解释一下吗？"当对方陈述完自己的工作情况后，可以向他（她）委婉表达你对他（她）工作中存在问题的批评意见。

2. 以友好的方式结束批评，如"我们是同事加朋友，我们解决了我们之间的问题，让我们相互帮助、并肩共进吧！"千万不要说："对你的批评结束了，你以后改正吧。"

3. "我一点也不怪你有愤愤不平的感觉，如果我是你，也会和你一样不快"。

4. 批评他人时不应该说的话：

"不可救药""我算把你看透了""你是出窑的歪砖——定了型"。

"你向来都……""你总是……""你从来就没有……"

（三）常用的批评语句

很不幸，您的工作不合格/没有达到要求。

不是太糟糕，但是还可以做得更好。

您应该更集中精力。

你的报告有很多漏洞，请写得更完整些。

老板在你的提议中找出了粗心的错误，请再认真细心点儿。

受到批评可不能大吵大闹，比较好的办法是接受批评和改正错误。

> **事例**
>
> 如果你作为一名报纸编辑去印刷厂校对清样，结果发现版面上一个标题的字错了，而校对人员没有发现，这时你应该对他进行批评。你可以说："这个错字你没有校出来。"你也可以说："你对工作太不负责了，这么大的错字你都没有校正。"很显然，后者是不易被对方接受的，因为你伤了他的自尊心，很可能导致他在以后的工作中出现更多的纰漏。清样上出现差错，可能是校对人员一时疏忽，不必上升到"工作责任心"的高度；也可能是校对人员校出后，组版人员疏忽而没有更正，这就要求我们在批评他人之前先要弄清事实真相，做到说话有根据。

（四）"甜口良药也治病"

美国心理学家马斯洛说："如果你手中只有铁锤，你会倾向把一切问题当成钉子。"须知，甜口良药也治病。

> **事例**
>
> 在马来西亚柔佛市的公路旁有这样的警示牌："阁下驾驶汽车，时速不超过30公里，可以饱览本市的美丽景色；超过60公里，请到法庭做客；超过80公里，欢迎光顾本市设备最新的急救医院；上了100公里，祝君安息吧！"这则警示让人读了倍感亲切，但在感到亲切的同时，也让人们提高了警惕。

六、换位思考

一位智者曾经对一位少年说过四句话，对人生具有很重要的指导作用，这四句话分别是：把自己当成别人，把别人当成自己，把别人当成别人，把自己当成自己。

这四句话讲的就是人与人之间要相互体谅，在把自己当成别人的同时，也能够把别人当成自己。实际上这就是一种换位思考的思维模式。对于别人的苦衷要能够体谅,对自己的行为也要站在别人的角度来考虑。在现实生活中,人人都有自己的利益,每个人都会从自己的角度来看问题,立场自然有所不同,因此也常常会发生矛盾。越是有矛盾,越是难以互相理解。如果能够跳出这种思维模式,学会从别人的角度看自己,就会发现一个颠倒的世界,也会发现一个公平的世界。

换位思考,就是指一方在做出涉及另一方的决策时,不但考虑到己方的情况,还能站在对方的立场上思考问题。换位思考的实质,其实就是设身处地为他人着想,即想人所想,理解至上。换位思考是人对人的一种心理体验过程,将心比心、设身处地地站在对方的立场上体验和思考问题,从而与对方在情感上得到沟通,为增进理解奠定基础。

(一)换位思考的作用

事例

朵朵站在1000米高的山顶对正往上爬的丽丽大声喊:"快点哟,山顶上离天很近,景色随手可抓哟,比你半山腰的景色要美上10倍哟。"伴着回声,朵朵的笑声飘向山下。

等丽丽爬上山顶时,朵朵正躺在草地上仰望蓝天呢。丽丽拉起朵朵就和她理论起来:"你说山顶的景色好、离天近,可我觉得半山腰的景色更迷人呀。"两人各说各的体会,好像一定要争个什么出来似的。

【评析】其实,她俩站在不同的高度收进眼帘的景色定是不同的感觉,只是高度与环境不同,收获也不同罢了,没有什么固定的标准来衡量,只要换位想想就好了。

如果你一直向上看,就会觉得自己一直在下面;如果你一直向下看,就会觉得自己一直在上面。如果一直觉得自己在后面,那么你肯定一直在向前看;如果你一直觉得自己在前面,那么你肯定一直在向后看。位置本身其实并没有多少差别,但不同位置上的人在审视同一个物体时却往往会有不同的印象。如果学会换位思考,你会发现,你自己的视野原来如此狭窄,世界可以如此美丽,生活可以如此丰富,精神可以如此充实。

课堂活动

假如我是××。

1. 学生每两人一组,自选表演角色。每组学生选一对服务人员与服务对象,如医生与病人、交警与司机、售票员与乘客,谈谈各自对对方的看法,然后互换角色,体会不同角色的不同立场、感受和想法。

2. 教师可以选择工作角色互换的视频和录像,让学生更深刻地了解相互理解的必要。

通过这些活动,让学生思考、体会换位思考的作用。

1. 增进人与人之间的理解和宽容，有利于社会和谐

事例

一位父亲讲，一次他去商店，走在前面的年轻女士推开沉重的大门，一直等到他进去后才松手。父亲向她道谢，女士说："我爸爸和您的年纪差不多，我只是希望他在这种时候，也有人为他开门。"

【评析】当你学会换位思考的时候，就会在遇到问题时多站在其他人的角度看问题，设身处地地为他人着想，只有我们做到这些的时候，才能够更多地理解他人、宽容他人。

在生活中，要学会换位思考，当与同学发生矛盾时，化干戈为玉帛，重建良好的友谊；当遭遇挫折时，不妨化消极为希望，阳光就会向你微笑。当我们学会并做到换位思考的时候，就会发现原来生活其实这样美好，每一天的心情都是很好的。

成为朋友会有共同的兴趣，有共同的追求，更重要的一点就是：相互尊重、相互理解、相互宽容。其实，朋友之间，首要的就是相互尊重，如果有时候不能相互尊重，就相互理解；如果不能相互理解，那么，就相互宽容；如果不能相互宽容，就请你还给别人的时间吧。相互尊重、相互理解、相互宽容，也就是换位思考，做到这点才能在彼此的心灵间架起一座畅通无阻的沟通桥梁。

2. 知己知彼，百战不殆

事例

春秋时期，管仲少时贫贱，早年曾与好友鲍叔牙以经营小买卖为生。管仲出的本钱没有鲍叔牙多，可是到分红的时候，他拿到了应得的那一份，还要求再添点儿。鲍叔牙手下骂管仲贪得无厌，鲍叔牙替他辩解说，他家里人口多，开销大，我自愿让给他。管仲带兵胆小怕事，手下士兵不满，而鲍叔牙却说，管仲家有老母，他为了侍奉老母才自惜其身，并不是真的怕死。鲍叔牙百般袒护管仲，是因为他知道管仲是个不可多得的人才，只是还没有机遇施展。管仲感叹道："生我者父母，知我者是鲍叔牙也！"就这样，他们成了莫逆之交。后来，管仲在鲍叔牙的极力推荐下，成了齐国宰相，帮助齐桓公成为春秋五霸之首。鲍叔牙总能替管仲着想，才成就了管仲，成就了强大的齐国。

【评析】鲍叔牙没有以常人的观念去评判管仲，是因为欣赏管仲的才华，设身处地地为管仲辩解。不论我们身处何时何地，只有学会换位思索、换位欣赏，才能感受到生活中

的美和希望；妄自菲薄和恃才傲物，只会使人沦于平庸。

在社会交往中，需要换位思考，才能知己知彼，从而达到人际交往的最高境界。在战场上，换位思考同样可以做到知己知彼，百战不殆。美国汽车大王亨利·福特说过："如果说成功有秘诀的话，那就是站在对方的立场来考虑问题。"

3. 有利于跳出惯性思维的禁锢，解放思想，另辟蹊径

事例

在美国，一位母亲在圣诞节前夕带着5岁的儿子去买礼物。大街上回响着圣诞节的赞歌，橱窗里装饰着枞树彩灯，乔装的可爱小精灵载歌载舞，商店里五光十色的玩具应有尽有。

"一个5岁的男孩将会以多么兴奋的目光观赏这绚丽的世界啊！"母亲毫不怀疑地想。

然而，她没有想到，儿子却紧拽着她的大衣角，呜呜地哭出声来。

"怎么了？要是总哭个没完，圣诞精灵可就不到咱们这儿来啦！"母亲有些生气，语气中充满了严厉。

"我，我的鞋带开了……"儿子怯怯地回答。

母亲不得不在人行道上蹲下身来，为儿子系好鞋带。母亲无意中抬起头来，啊，怎么会什么都没有？没有绚丽的彩灯，没有迷人的橱窗，没有圣诞礼物，也没有装饰丰富的餐桌……那些东西都放得太高了，孩子什么也没看见。落在孩子眼里的，只有粗大的脚印和妇人们低低的裙摆，在那里互相摩擦，碰撞，过来过去……真是个可怕的情景！

这是母亲第一次从5岁儿子的高度看世界。她感到震惊，立即把儿子抱起来，放在自己的肩上，儿子开心地笑了起来："妈妈，好漂亮的圣诞节啊！"

【评析】如果母亲没有蹲下，她永远理解不了孩子。她能看到的美丽事物，其实孩子根本看不到。孩子若没有坐在母亲的肩上，也无从感知成人的世界。从此母亲发誓，今后再也不把以自己为基准理解的"快乐"强加给自己的儿子。"站在孩子的立场上"——母亲以自己亲身的体验认识了这一道理。

（二）换位思考的方法

换位思考是与人相处的一个十分重要的技巧，也就是将自己置身于对方的立场和视角，去体验对方的内心感受，了解对方的确切需求。社会是个大舞台，生活本来就是要我们以观众的心态去表演，以演员的心态去欣赏；或许，这正好能够检验一个人的调整与适应能力。在演员的位置上，就要学会表演；在观众的位置上，就要学会欣赏，这会是两种完全不同的感受。与此同时，当你站在对方立场上的时候，自然也会以对手的目光观察自己，从而对自己多一份了解。

其实，站在不同的高度、处在不同的环境，人们的收获与理解各不相同。没有经历过的事就没有发言权。无论何事，没有十分完美的，做什么事情都要换位想一下，人们就会心平气和，事情就会朝着"阳光"的方面发展了，所以做事就要学会换位思考。

事例

1+1=？不同的人会有不同的计算方式，而得出的结论、答案也有所不同，数学家为了证明1+1=2而穷尽了半生的精力。有人说："回答1+1=3的人是作家。回答1+1=2的人是数学家。回答1+1=0的人是哲学家。"

问题：请想一想为什么会有上述的结论？

【评析】数学家实事求是，因为科学来不得半点虚假；作家喜欢在原来的故事上进行加工，夸大事实，笔下生辉；哲学家则是正反两个方面看问题，弊和利同在，所以归零。

设想作家、数学家、哲学家们坐在一起讨论"1+1=？"的话题时，相信他们都会拿出自己认为答案正确的依据，可是彼此之间却互不信服，那是基于他们仅是处于自己所在的位置去看待同一个问题。因为位置的不同，自然会产生不同的看法，看法不同就会得出不同的结果。在他们各自的领域，他们得出的结论是没有任何问题的，所以如果拥有海纳百川的胸怀和思想，反而收获得更多、更广。放眼整个社会也是一样，一件事因为处理的人不同，所使用的方式可能有差异，得出来的结果也许更有差别。

换位思考是人对人的一种心理体验过程。将心比心，设身处地是达成理解不可缺少的心理机制。它客观上要求我们将自己的内心世界，如情感体验、思维方式等与对方联系起来，站在对方的立场上体验和思考问题，从而与对方在情感上得到沟通，为增进理解奠定基础。它既是一种理解，也是一种关爱。

课后拓展

（一）阅读下列小故事，分析产生不同理解的原因，并谈谈你的理解

1. 父子二人经过五星级饭店门口，看到一辆十分豪华的进口轿车。儿子不屑地对他的父亲说："坐这种车的人，肚子里一定没有学问。"父亲则轻描淡写地回答："说这种话的人，口袋里一定没有钱。"

分析：你对事情的看法，是不是也反映出你内心真正的态度？

2. 有两个观光团到日本伊豆半岛旅游，路况很坏，到处都是坑洞。其中一位导游连声抱歉，说路面简直像麻子一样。而另一个导游却诗意盎然地对游客说：诸位先生女士，我们现在走的这条道路，正是赫赫有名的酒窝大道。

分析：虽是同样的情况，然而不同的意念就会产生不同的态度。思想是很奇妙的事，如何去想，决定权在你。

3. 同样是小学三年级的学生，如果在作文中说他们将来的志愿是当小丑，中国的老师会斥之为"胸无大志，孺子不可教也"。而外国的老师则会说"愿你把欢笑带给全世界"。

分析：孩子受暗示性很强，作为成年人不应狭窄地界定成功的定义，鼓励应多于要求。

4. 在公园里，有一个太太不耐烦地对她的先生说："我说你为什么走得这么慢，原来你老是停下来看这些东西。"

分析：有人只知道在人生的道路上奔走，结果失去了观看两旁美丽花朵的机会。

5. 甲："新搬来的邻居好可恶，昨天晚上三更半夜、夜深人静之时，突然跑来猛按我家的门铃。"

乙："的确可恶！你有没有马上报警？"

甲："没有。我当他们是疯子，继续吹我的小喇叭。"

分析：事出必有因，如果能先看到自己的不是，答案就会不一样。在你面对冲突和争执时，先想一想是否心中有愧，或许很快就能释怀了。

6. 一把坚实的大锁挂在大门上，一根铁杆费了九牛二虎之力，还是无法将它撬开。钥匙来了，他瘦小的身子钻进锁孔，只轻轻一转，大锁就"啪"的一声打开了。

铁杆奇怪地问："为什么我费了那么大力气也打不开，而你却轻而易举地就把它打开了呢？"

钥匙说："因为我最了解他的心。"

分析：每个人的心，都像上了锁的大门，任你再粗的铁棒也撬不开。唯有关怀，才能把自己变成一只细腻的钥匙，进入他人的心中，了解他人。

（二）倾听故事

儿子打完仗回到国内，从旧金山给父母打了一个电话："爸爸，妈妈，我要回家了。但我想请你们帮我一个忙，我要带我的一位朋友回来。"

"当然可以。"父母回答道，"我们见到他会很高兴的。"

"有些事情必须告诉你们，"儿子继续说，"他在战斗上受了重伤，他踩着了一个地雷，失去了一只胳膊和一条腿。他无处可去，我希望他能来我们家和我们一起生活。"

"我很遗憾地听到这件事，孩子，也许我们可以帮他另找一个地方住下。"

"不,我希望他和我们住在一起。"儿子坚持。

"孩子,"父亲说,"你不知道你在说些什么,这样一个残疾人将会给我们带来沉重的负担,我们不能让这种事干扰我们的生活。我想你还是快点回家来,把这个人给忘掉,他自己会找到活路的。"

就在这个时候,儿子挂上了电话。

父母再也没有得到他们儿子的消息。然而过了几天后,接到旧金山警察局打来的一个电话,被告知,他们的儿子从高楼上坠地而死,警察局认为是自杀。

悲痛欲绝的父母飞往旧金山。在陈尸间里,他们惊愕地发现,他们的儿子只有一只胳膊和一条腿。

问题:这个悲剧责任在谁呢?请讨论并发表自己的看法。

(三)名人名言

世界上最宽阔的是海洋,比海洋更宽阔的是天空,比天空更宽阔的是人的胸怀。

——雨果

海纳百川,有容乃大;壁立千仞,无欲则刚。

——林则徐

善是精神世界的太阳。

——雨果

君子莫大乎与人为善。

——《孟子》

真正善的人不仅有行善的愿望,而且有行善的行动。

——弗拉克·梯利

我们每个人都是平等的,你只有用爱来交换爱,用信任来交换信任。

——马克思

七、婉言拒绝

助人是快乐之本,这是我们力求做到的。人们的要求往往是合理与悖理并存,如果当面不好意思说不,轻易承诺了却又无法履行自己的职责,将会带给自己更大的困扰和沟通上的困难。如果有人请求你帮助的事情在你的能力范围之外,你应该如何拒绝呢?

(一)拒绝的作用

人生就是不断地说服他人,以寻求合作的过程;反过来也可以说,人生也是不断地遭到拒绝和拒绝他人的过程。不论是面对他人过分的要求,还是盛情难却的热情,我们似乎都很难说"不"。拒绝是一门学问，有些时候，我们心里很不乐意，本想拒绝，但碍于一时的情面，却点了头，忽略了自己的需要，不去倾听自己内心的声音，为了成全他人而委屈自己，给自己留下长久的不快。所以，学会拒绝至关重要，有利于提高我们的工作效率和生活质量。

事例

小付在公司里以老实著称，一次老板派给他一个任务，去谈判一个项目。小付天性木讷，不善于和人打交道，谈判这种事情他肯定做不来，应该交给能说会道、善于交际的人去做才好。小付心里这么想，却不敢说出来，也没有勇气拒绝老板，只好硬着头皮答应了。

来到目的地，小付没有完成任务，老板自然非常生气，说："如果你办不到，为什么还要答应？这是工作，不是游戏，逞什么英雄？"

【评析】应该答应的时候答应，应该拒绝的时候拒绝，这也是一种能力。否则，会像小付一样给自己带来很多麻烦。

课堂活动

学生分组讲述1~2件自己经历过的，认为应该拒绝却没有拒绝，或者想拒绝却无法拒绝的事，以及此后的心情。

教师总结

根据学生的发言，适当总结归纳此类事情发生时或发生后的心情，并及时提供解决方法及建议。

讨论内容

1. 请组内其他同学替他（她）想一想，假如你是他（她），你会怎么办？
2. 在小组内讨论每个成员曾经的遭遇，并为他（她）做一回事后"诸葛亮"。
3. 每组派学生代表在全班进行交流。要求学生大胆发言，各抒己见。

想一想

你是否惧怕拒绝背后的"潜台词"？请设想一下如果是你本人遭遇了拒绝，你会怎样去想对方呢？如果你对别人说"不"，这些"潜台词"最坏的结果会出现吗？

1. "拒绝会影响我们之间的关系。"
2. "拒绝对方会得罪他，或者会影响对方对我的印象。"
3. "开始我已经答应了，就把好人做到底吧。"
4. "能帮助别人是一种能力的体现。"

你有没有意识到,当你勇敢地拒绝的时候,你减少了对方再次用同样的理由麻烦你的机会,你显示出了你是一个有"自我选择权利"的独立的人,因为你必须知道你的能力和资源都是有限的,不可能让所有的人满意。当你犹豫地说出拒绝的时候,记住这句话:"让所有人喜欢你那是神话,让一部分人喜欢你才是现实。"

请用欣赏的眼光看看下面这段话,你是否可以感受到拒绝的好处和作用呢?请用心体会。

不要把拒绝当成一种拒绝,而是看成一个学习经验;不要把拒绝当成一种拒绝,而是看成改变方向所需要的有效回馈;不要把拒绝当成一种拒绝,而是看成讲了一个笑话;不要把拒绝当成一种拒绝,而是看成练习技巧及完善自我的机会;不要把拒绝当成一种拒绝,而是把它看成成交的一部分。

(二)拒绝的方法

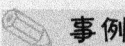事例

聪明的首相

历史上很多成功的领导人都精通拒绝的艺术,在说"不"的同时,清晰地传达了自己的意思,还能给足对方面子。19世纪英国首相狄斯雷利就是一例。有个军官一再请求狄斯雷利加封他为男爵。首相知道此人才能超群,也很想跟他搞好关系,但军官不够加封条件,因此狄斯雷利无法满足他的要求。一天首相把军官单独请到办公室,对他说:

"亲爱的朋友,很抱歉我不能给你男爵的封号,但我可以给你一件更好的东西。"

狄斯雷利放低声音说:"我会告诉所有人,我曾多次请你接受男爵的封号,但都被你拒绝了。"

消息传出,众人都称赞这位军官谦虚无私、淡泊名利,对他的礼遇和尊敬远超过任何一位男爵。军官由衷感激狄斯雷利,后来成了首相最忠实的伙伴和军事后盾。

【评析】首相的聪明就在于,他明白这名军官真正需要的不是一个男爵头衔,而是封爵之后的巨大荣耀。军官虽然遭到了拒绝,但他得到的更多,首相和军官达到了双赢。

"拒绝"的确是人际交往中的一种至关重要的处世行为艺术。当他人对你有所希求而你办不到时,你不得不拒绝他。尽管拒绝是难堪的,但如果你掌握了拒绝的技巧,就不会惧怕拒绝。

大胆地说出"不"字,是相当重要却又不太容易的课题。在实际工作和生活中,有人喜欢你直截了当地告诉他拒绝的理由;有人则需要以含蓄委婉的方法拒绝,具体的做法,

还需根据实际情况区别对待。下面提供四种方法以供参考。

1. 直接拒绝法

直接向对方陈述拒绝对方的客观理由，包括自己的状况不允许、社会条件限制等。通常这些状况是对方也能认同的，因此能理解你的苦衷，自然会自动放弃说服你，并觉得你拒绝得有道理。

> **事例**
>
> **邓小平与撒切尔夫人**
>
> 邓小平与"铁娘子"撒切尔夫人就香港问题曾多次会谈。其间，"铁娘子"撒切尔夫人曾荒谬地提出"以主权换治权"一说，邓小平当即表示反对，并严厉驳斥。他说："主权是不可以谈判的。"后来在香港驻军问题上，撒切尔夫人又玩起了花招，她说1997年后，中国是否可以不在香港驻军，邓小平断然否决，他坚定地说："香港一定要驻军的，军队是主权的象征。"撒切尔夫人最终不得不败下阵来。

【评析】邓小平处处从国家和民族的利益出发，多次拒绝英国政府的无理要求，维护了国家的尊严与完整，维护了中华民族的利益。

2. 巧妙转移法

不好直接拒绝时，就采取迂回的战术，转移话题也好，另有理由也好，主要是利用语气的转折——温和而坚持——绝不会答应，但也不致撕破脸。用温和曲折的语言，去表达拒绝的本意，与直接拒绝相比，更容易被人接受。因为它更大程度地顾全了被拒绝者的尊严。例如，先向对方表示同情，或给予赞美，然后再提出理由，加以拒绝。由于先前对方已因为你的同情而与你缩短了心理距离，所以对你的拒绝也能以"感同身受"的态度来接受。

> **事例**
>
> 美国的罗斯福任海军要职时，他的朋友问他加勒比海潜艇基地的情况。罗斯福巡视四周，然后低声问："你能保密吗？"那位朋友很高兴地说："当然能。"罗斯福微笑地说："那么，我也能。"罗斯福含蓄、幽默的拒绝，既做到了保密，又没有令朋友尴尬，收获的是双方会心的笑声。

3. 沉默暗示法

有时开口拒绝对方也不是件容易的事，往往在心中演练了很多次该怎么说，一旦面对对方又下不了决心，总是无法启齿。这个时候，肢体语言就派上用场了。一般而言，摇头代表否定，别人一看你摇头，就会明白你的意思，之后你就不用再多说了，面对推销员时，这是最好的方法。另外，微笑中断也是一种掩体的暗示，当面对笑容的谈话，突然中断笑容，便暗示着无法认同和拒绝。类似的肢体语言包括，双手交叉按在头后部或手指按在额头中央；采取身体倾斜的姿势；目光游移不定；频频看表；心不在焉等。

> **事例**
>
> 在雨果写一篇小说的那段时间，常有人邀请他参加各种聚会，他很烦恼，却又不愿意伤害别人的盛情。于是，他想了一个绝妙的谢客方法：将自己的半边头发和胡须剃得光光的。以后，凡是来请他出席宴会和舞会的人，见到他那模样，都哈哈大笑地走开了。因此，雨果获得了充裕的写作时间。当他的小说大功告成时，头发和胡子也长成了。雨果的方法可谓绝招，但没有大作家的凌人之气。相比有的作家在门上贴告示："本人写作繁忙，恕不接待来访"，雨果高了一筹。

4. 代替补偿法

在婉转拒绝他人要求的同时，如果能提供其他的方法，帮对方想出另外一条出路，实际上还是帮了他的忙。也就是说你虽然拒绝了，但却在其他方面给了对方一些帮助，这是一种慈悲而又智慧的拒绝。这样一来，对方还是会很感谢你的。

在使用补偿拒绝法时应注意：提出的建议不会损害他人的利益，提出的建议的确有可能帮助他人解决问题。

> **事例**
>
> 美国人际关系大师卡耐基在拒绝一次演讲邀请时，就说："很遗憾，我实在排不出时间来。"紧接着，他又推荐说："约翰先生讲得很好，说不定比我更合适。"
>
> 拒绝他人，无论是方法的选择还是语言的运用，都是一种艺术。拒绝他人，需要技巧，更需要真诚、信心及对自己负责的态度。喜剧大师卓别林曾说："学会说'不'吧！那你的生活将会美好得多。"

课堂活动

1. 你这个周日有事，要去给爷爷过生日，可是同学邀请你去滑冰，你如何拒绝？请用三种方法试试。

提示：

1) 滑冰？很好啊！可是我听同学们说这周的作业很难做的，可能要花很多时间才能做好。而且这个周日是我爷爷的生日，你知道，老人家总是喜欢生日时儿女们都在身边。

2）谢谢你的邀请，我也很喜欢滑冰。可是这个周末的作业特别多，周日我还要去给爷爷祝寿。这次不能和你一起去实在太遗憾了，改天吧，我邀请你去滑冰，保证把你教会。

3）谢谢你的邀请，我也很想和你一起去滑冰，可是这个周末父母要带我去给爷爷祝寿。不如请小薇教你吧，她可滑得比我好。

2. 教师设置情境，请学生分组分情境使用拒绝方法进行表演。针对不同情境，组织学生讨论所应适用的拒绝方法。

参考情境

1）朋友游说你抽烟。

你的朋友给你一根香烟并游说你去尝试。你对吸烟是十分反感的，你会怎样拒绝他（她）？

2）朋友邀请你喝酒。

你的朋友在宴会中给你一杯酒并游说你去尝试。你对酒是十分反感的，你会怎样拒绝他（她）？

3）朋友邀请你明天与他（她）一起露营。

你的朋友邀请你和他（她）的朋友一起露营。你在后天有一个测验并需要时间温习，而且你也不喜欢他（她）的朋友。你会怎样拒绝他（她）？

4）朋友邀请你一起去唱卡拉OK。

你的朋友邀请你和他（她）一起去唱卡拉OK，但你认为那种场所情况复杂，且你一向歌喉平平，你会如何拒绝他（她）？

5）朋友游说你染发。

你的朋友游说你把头发染成红色，但你怕被训导老师责备，你会如何拒绝他（她）？

6）朋友向你借钱。

你的朋友向你借钱，说是用来购买参考书，但你怕他（她）不会还给你，又怕他（她）是用来玩乐的，你会如何拒绝他（她）？

7）朋友邀请你一起玩麻将。

你的朋友邀请你到他（她）的家玩麻将，但你觉得这种活动不健康，又浪费时间，你会如何拒绝他（她）呢？

8）朋友邀请你参加生日派对。

下星期三是你朋友的生日，他（她）会举行一个生日宴会，并邀请你参加，但你有一位朋友即将前往英国读书,你已约好在当天为他(她)饯行,那你会拒绝哪一位?如何拒绝?

9)同学向你借作业抄。

你的同学向你借作业抄,还说会给你钱,但你觉得这样做是不对的,那你会如何拒绝他(她)?

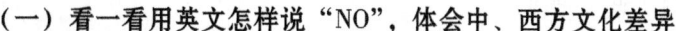

(一)看一看用英文怎样说"NO",体会中、西方文化差异

西方人更倾向于直接地表达自己的想法。记住下面的句式,也许将来在和外国友人的交往中可以使用。

1. I am sorry to turn you down. 我很抱歉必须拒绝你。
2. I really want to, but I got tons of things to do. 我想去,可是我有很多很多事要做。
3. I am really not in the mood. 我真的没什么心情。

(二)倾听故事

在一次中国关于某种农业加工机械的贸易谈判中,中方主谈面对日本代表高得出奇的报价,巧妙地采用了问题法来加以拒绝。中方主谈一共提出了四个问题:

1. 不知贵国生产此类产品的公司一共有几家?
2. 不知贵公司的产品价格高于贵国某某牌的依据是什么?
3. 不知世界上生产此类产品的公司一共有几家?
4. 不知贵公司的产品价格高于某某牌(世界名牌)的依据又是什么?

思考:这些问题好回答吗?中方愿意接受日方的报价吗?中方主谈提出的问题目的何在?

分析:这些问题使日方代表非常吃惊。他们不便回答也无法回答。他们明白自己报的价格高得过分了。所以,设法自找台阶,把价格大幅度地降了下来。中方主谈实际是面对对方的过分要求,提出一连串的问题,巧妙地使日方意识到自己提出的要求被拒绝了。

八、真诚赞美

天底下有没有一个方法可以让其他人情愿去做一件事呢?有,就是"把你想要的东西给你",即向他人提供他们所需的东西。那么,人们需要什么呢?如果你列举出你所希望得到的东西,应该不外乎这些:①健康和生命的维护;②食物;③睡眠;④金钱和金钱可以买来的东西;⑤未来生活的保障;⑥性满足;⑦亲人的幸福;⑧被重视的感觉。

那么，在我们满足了其中的基本生活需求之后，还有哪项需求不宜满足，但又是人们迫切渴望得到，绝不亚于食物和睡眠呢？美国哲学家约翰·杜威说：人类本质里最深刻的驱动力就是"希望具有重要性"。这种感觉是人与动物的最大区别，推动着历史前进，使人类拥有现今的一切文明。很多人都追求自己吃穿住行的出众，就是有力的证据。再看看历史上一些著名人物的表现：乔治·华盛顿喜欢大家称呼他"美国总统阁下"；哥伦布要求女王赐予他"舰队总司令和印度总督"头衔；凯瑟琳女王拒绝接受没有注明"女王陛下"的信函；林肯夫人在白宫的时候，有一次对格兰夫人咆哮道："没有我的邀请，你居然敢出现在我面前！"

再让我们来看看现实中另一些人群吧。

事实上，半数的精神疾病可归咎于生理因素，如脑部障碍、酒精、毒素和外伤等；但是另一半精神异常的人脑部器官完全正常，根据死后验尸，如果把这些人的脑部组织放在显微镜下观察，这些组织绝对是健康的。那么，这些人为什么会精神失常呢？美国一家著名的精神病院的主治医生曾说：许多人由于不能在现实生活中获得"被肯定"的感觉，因而他们到另一个世界去寻求，这就是我们所谓的精神失常。他讲过一个例子：

事例

我现在有个病人，她的婚姻极不美满，她渴望爱、性满足、孩子和社会地位，但是现实生活摧毁了她所有的希望。她的丈夫并不爱她，甚至不愿同她一道用餐，却又要她把食物端到楼上让他享用。这位女士没有孩子，没有社会地位，于是她疯了，在她的想象世界里，她与丈夫离了婚，恢复了本性。现在她甚至相信自己同一位英国人结了婚，所以要大家称她为史密斯夫人。由于她渴望有孩子，所以每天都想象自己有个小婴孩。每次我去看她的时候，她都说："医师，我昨天生了个小婴孩。"

现实生活一度摧毁了她的梦幻之船，但是在另一个充满阳光、奇妙的世界里，她的梦幻之船又再度扬帆，驶进快乐的港湾。

【评析】人会因为得不到肯定而患上精神疾病，这再一次说明：人人都"希望具有重要性"。其实每个人都需要被尊重、被赏识，这是人性的饥渴。满足他人人性的饥渴是一种乐善好施的行为，而赞美他人正是满足其对被尊重、被赏识的渴望。

那么，用什么办法能让人们感觉到自己重要呢？赞美他，真诚地赞美他，赞美是最有效的灵丹妙药。

请看下面两个有趣的实验：

实验1

日本科学家做了一个实验，在两个相同鱼缸里放了相同的水和两只相同的鱼，一边是不断地施与赞美和舒缓的音乐，一边是咒骂和嘈杂的音乐。结果发现，赞美的那边，仪器上显示的波纹是舒缓的，水也很清澈；而另一边，波纹很乱，水也变得浑浊。

实验2

日本有个专家做了一个试验，试验结果证明：人们对水的结晶体用不同方言说"谢谢""你很可爱"之类的赞美语时，它会在显微镜下呈现一种像冰花一样的漂亮形态；而当用不同方言对它说骂人语时，它则会呈现一塌糊涂的形态，这说明水的变化会随着人的心情和情绪而变化。

可见，赞美不仅对人类有巨大的影响，它甚至对自然界中的动植物和物质同样有着巨大的影响力。

（一）赞美的作用

1. 赞美能激励人奋发向上

> **事例**
>
> 安德鲁·卡内基每年花100万美元聘请施瓦布先生，这几乎等于每天支付他3000多美元。难道施瓦布先生是个了不起的天才？还是施瓦布先生对钢铁生产比其他人懂得多？都不是。施瓦布说他之所以获得高薪，主要是因为他能够很好地处理和管理人事，天生具有激发人们热忱工作的能力。而促使人将自身能力发挥至极限的最好办法就是赞赏和鼓励。

【评析】赞赏和鼓励能够引发人们的工作热忱，甚至能够让人们将自身能力发挥至极限。赞美和鼓励是使人努力工作的原动力，是激发人潜能的最佳方式。

2. 赞美可以改变一个人的一生

行为专家认为，赞扬是认知行为的催化剂，它能刺激大脑皮层兴奋起来，调动人体各系统的积极性，从而激发人体潜能。每个人都喜欢别人的赞美，只是大多数人把这种需求隐藏在内心深处罢了。得到赞美意味着自己被别人认同、接纳、欣赏，代表自己的一种存在价值。

> **事例**
>
> **卡耐基的故事**
>
> 戴尔·卡耐基小时候是一个公认的坏男孩，在他9岁的时候，父亲把继母娶进家门。当时他们还是居住在乡下的贫苦人家，而继母则来自富有的家庭。父亲一边向继母介绍卡耐基，一边说："亲爱的，希望你注意这个全郡最坏的男孩，他已经

让我无可奈何,说不定明天早晨以前,他就会拿石头扔向你,或者做出你完全想不到的坏事。"

出乎戴尔·卡耐基意料的是,继母微笑着走到他面前,托起他的头认真地看着他。接着她对丈夫说:"你错了,他不是全郡最坏的男孩,而是全郡最聪明、最有创造力的男孩,只不过,他还没有找到发泄热情的地方。"

继母的话说得戴尔·卡耐基心里热乎乎的,眼泪几乎滚落下来。就是凭着这一句话,他和继母开始建立友谊。也就是这一句话,成为激励他一生的动力,使他日后创造了成功的"28项黄金法则",帮助千千万万的普通人走上成功和致富的道路。

【评析】赞美具有引导性。在戴尔·卡耐基的继母到来之前,没有一个人称赞过他聪明,他的父亲和邻居认定:他就是坏男孩。但是继母却称赞他。继母的话,成为一股神奇的力量,激发了戴尔·卡耐基的上进心和创造力,帮助他和无穷的智慧发生联系,以至改变了他一生的命运,使他成为美国的富豪和著名作家,成为20世纪最有影响力的人物之一。

事例

歌王卡鲁索的故事

卡鲁索10岁时就渴望成为歌唱家,但是他的第一个老师却对他说:"你唱得不好。"甚至不顾及他的承受力,说他:"你的音质不好,听起来像是风吹在百叶窗上一样。"但是,他的母亲却常常搂着他,赞美他的歌声,省下每一分钱让他去学习唱歌。他在母亲的鼓励和赞美之下,终于成为有名的歌唱家。

【评析】赞美、赏识是希望,是动力。赞美创造了奇迹。人人都渴望被别人赞美,因为这是人的基本心理需求。赞美具有神奇的魔力,往往我们赞美什么,就增加什么,有效的赞美甚至可以改变一个人的一生。试想,如果卡鲁索没有得到母亲的赞美,也许他会自卑下去,甚至失去生活的勇气。有自信是成功的开始,用赞美来鼓励对方,能让人树立起自信心,进而创造出奇迹。要用自己的心灵之火去点燃别人的心灵之火。

3. 赞美是人与人相处最巧妙的方法

赞美是人际交往中最能打动人心的语言,因为给人真诚的赞美,体现了对人的尊重、期望与信任,能增进彼此的了解与友谊。我们要学会用赞美走近他人。

事例

一个年轻的教师有些不拘小节,时常犯些小错误。有一次校长正式发了一个通知,要这个年轻人去校长办公室,决定严肃地批评他。年轻人很紧张,他不想遭到校长的严厉批评，于是他设计了一番后，去了校长室。见校长板着面孔坐在那儿，他就故意不看校长，而是装着打量他的办公室，说："到底是校长大人的办公室，就是不同，有沙发，又有鲜花，布置得这么漂亮，不像我们办公室，来了客人，就几个硬板凳。"校长像没听见似的，仍板着面孔示意年轻人坐到他对面。年轻人走过去后，仍不看校长的脸，却在办公桌上东看看、西瞧瞧，然后指着桌上的一张照片问校长："嘿，这张照片拍得真漂亮！是在黄山拍的吧？又有怪石，又有奇松，连流云都拍摄进来了，拍摄角度选得真好。我也在这里拍过照片，但换了很多角度，都拍得不理想。您是怎样找到这样好的角度呢？"校长终于经不住年轻人不停地左夸赞、右赞美，说道："真拿你没办法，但你以后要注意，该随便时随便，该严肃时也要严肃，可不要老是这样不拘小节。"年轻人当即表示坚决改正。

【评析】本来一次严肃的批评，就因为运用了赞扬，使年轻教师避免了尴尬，甚至还增强了校长对他的好感。所以，适当的赞美是促进人际关系和谐的润滑剂。

有时候，赞美会化干戈为玉帛。戴尔·卡耐基在《人性的弱点》中提到："要想不引起憎恨，又不伤害感情而达到目的，第一个信条是：从正面赞美对手。"

事例

某公司的总经理一职空缺，生产副总经理与销售副总经理都是理想人选，最后董事会决定提升生产副总经理。对此，能干的销售副总经理大为不满。新总经理上任之后，深知销售副总经理不满，但他必须依靠销售副总经理的推销本领，却又担心对方不合作，消极怠工。他为此苦恼不已，百思不得良策。后来有一位顾问向他建议："今后的半年内，你尽量在同事与同行面前赞美销售副总的能力，不管他怎么做，你都说他好。假如半年后他还不肯合作，就请他走人吧！"总经理按他的话去做了。没过多久，赞美的策略就奏效了。销售副总不但充分配合总经理的工作，而且还在外人面前称赞总经理。能干而聪明的销售副总在接受他人赞美的同时，也学会了赞美他人，并完善了自己，后来成为下一任总经理。

【评析】真诚的赞美能消除人们之间的敌意和积怨，化干戈为玉帛。人人都有自尊心，而且决不允许其他人亵渎甚至污损自己。自尊心容易产生嫉妒，但它也常常因为他人的尊重而缓和甚至消除。尊重他人，就会赢得他人的尊重。因此，智者总是豁达大度、宽容，让对手成为自己的朋友。赞美对手不失为良策。

> **事例**
>
> 秦昭王与大臣中期争论，最后秦昭王理屈词穷，不由得勃然大怒。中期却不卑不亢地从容离开了。这时有人看出昭王的心情，急忙替中期辩解道："中期是个直言无忌的人，幸亏碰到贤明的君主，如果他生在夏桀、商纣之世，必无幸免。"秦昭王一听，怒气顿消，最终没有怪罪中期。

每个人内心深处都希望得到他人的赞美，这是人们共有的心理特点。适时肯定对方，能满足人的自尊心，让人产生最大程度的愉悦。受赞美的人易于接受人际交往中对方的态度、观点甚至这个人，正所谓：相逢一笑泯恩仇。

赞美是人际交往中最美的语言，它能让言者增光、听者得意。拥有赞美的习惯，生活会变得充满阳光；得到赞美，世界将变得更有光彩。生命就像一种回声，你送出去什么，就能收回什么；你播种什么，就能收获什么；你给予什么，就能得到什么。让我们用真诚的心去赞美亲人、赞美朋友、赞美同事、赞美对手、赞美身边的每一个人。相信我们一定能收获更多的友谊、更多的成功，我们的生活会因此更加美好。

> **小贴士**
>
> "尊重别人就是尊重自己，发现别人的优点，实际上就等于肯定自我，那说明你宽容，说明你谦虚，说明你好学。"
>
> ——（美）乔治·梅奥

一般来说，赞美的话人人爱听，人们受到赞美，都会心情爽朗、信心倍增，在自身得到肯定的同时，也容易对赞美者产生好感。真诚赞美需要很高的境界、胸怀和气度。真诚赞美他人需要对自己有自信，希望向别人学习，知道"赞美""欣赏"与"嫉妒""眼红"之间的界限。日本著名佛学家、学者和社会活动家池田大作说："为了个人阴暗的私利而极尽溜须拍马之能事只是可鄙的小聪明，但是看到别人的优点能坦荡地赞美别人，却是胸怀宽广、能成大事的表现。"

如何发现一个人真正值得赞美的地方，也有一定的规律可循。例如，对老年人应该更多地赞美他光荣辉煌的过去、健康的身体、幸福的家庭或有出息的儿女等；对年轻母亲则赞美她的小孩往往比直接赞美她本人更有效。

（二）赞美的方法

赞美要出于喜爱和关心，所以，赞美他人时应该注意以下几个方面：

第一，赞美要真诚。微笑必须出自内心才吸引人，赞美也必须出自内心才能感动人。每个人都渴望被承认、被赞美，而且都尽其所能去争取被承认和被赞美。但是没有人喜欢毫无诚意的赞美，没有人喜欢阿谀奉承。赞美只有出自真诚才会具有功效。

第二，赞美要适度，不要太离谱。赞美的力度不够，对方会没有感觉，但言过其实的赞美就是虚伪，那是献媚而不是赞美，献媚令人厌恶。只有适度的赞美才能让对方感到愉悦。适度即审时度势，因人、因时、因事、因地制宜。

第三，赞美要有事实根据。例如，有一位先生被介绍给他朋友的夫人，由于当时没有适当的话题，他就顺口说了一句："你佩戴的这个坠子很少见，非常特别。"企图以此掩饰当时的尴尬。出人意料的是，这个坠子果然很特别，只有在巴黎圣母院才买得到，这是她的心爱之物。这位先生的赞美使这位夫人联想起有关坠子的种种往事，从此他们便成了好朋友。

第四，赞美要力争做到差异化。差异化就是和其他人不一样，那效果也就不一样了。我们应当留意不受赞美的人与事，留意他人不受人瞩目的特点。人们最喜欢别人称赞他不为人知的优点，如果你去赞美那些不突出的优点，就易博得对方的好感。例如，身材、风度、气色、服饰、成就、专长、嗜好、兴趣、学问、摆饰等。最要紧的，你必须说出其他人不留意的特点，否则人云亦云，虽然是赞美之词，作用却不大。

第五，赞美要具体化。空泛、虚幻、生硬的赞美，容易让人怀疑其动机；而具体化的赞美，则能显示出真诚。例如，有一位女性端杯子时翘着小手指，你可以这样赞美她："我想你一定学过艺术，端杯子都用兰花指，真漂亮。"你把她无意识的动作观察得如此仔细，她就会觉得你很关心她，会为你的真诚而高兴。

谨记：嘉勉要诚恳，赞美要大方。

常用的赞美方法有以下几种。

1. 直接赞美

即直言他人的优点。

毛主席慧眼识英雄，也善于称赞他们。例如，长征中他派刘伯承过乌江，说的是因为刘伯承是四川的一条龙，他肯定过得去，结果中国历史上出现了"十七勇士强渡大渡河"的壮举。再如，他赞美彭德怀，说彭德怀是"谁敢横刀立马，唯我彭大将军"。结果，抗美援朝我军取得辉煌胜利。

2. 间接赞美

有时，间接赞美比直接赞美的效果还要好。

（1）转述赞美　即让他人转述你的话，或传达第三者的赞赏，这样借他人之口间接赞美对方，不但能避免尴尬，而且还会得到双方的好感。从第三者转述而来的赞美，最令人高兴。转述的赞美是双倍的赞美，比当面直接赞美更有威力、更具有意义。道理何在呢？因为当面赞美，很可能是奉承或客套话；而背后的赞美，则常是真心话。转述赞语，一举三得。甲赞美丙，甲会因丙心存感激而获益；丙受甲赞美，他会因为受到称赞而特别高兴；中间传话的乙，传达了甲的善意，自然会获得甲与丙的感激。

其实，转述赞语非常容易，可以在闲聊时随口说出，也可以在电话中带上一句，还可以在写信时附上一笔，你只要把听来的赞美语重述一遍就行了。若是甲与丙之间有嫌隙的话，如果乙能转述甲对丙的美言，也能转述丙对甲的美言，则甲与丙很可能由于乙的转述美言而尽释前嫌，化干戈为玉帛。

> **事例**
>
> "王总，这次去山东，刘主任对你的评价特别高。"这就是转述赞美。

（2）让自己做陪衬　通常情况下，一般人很难贬低自己，一旦你压低自己同他人做比较，就显得格外真诚，这一招特别适合于领导使用，会给属下带来莫大鼓舞。

> **事例**
>
> 一位企业经理去他的一位客户张总家做客，当客户带他参观家中阳台时，这位经理不失时机地赞美说："这植物长得好，枝繁叶茂，我家养的植物最后都死了。张总，我发现您不仅管人管得好，连植物您都管得挺好的。"这位张总听了称赞非常高兴，他们的关系也处得非常好。

> **事例**
>
> 女作家威尔逊有一个精通雕刻的男仆，他最崇拜雕刻家鲍格伦。有一天，鲍格伦到威尔逊家做客，男仆因为兴奋过度，在端酒时竟把整杯酒洒到鲍格伦的身上。男仆窘态毕露，一面赶紧用餐巾替他擦拭，一面解释说："真抱歉，我服侍平凡一点的人，总是好好的。"鲍格伦笑着对男仆说："我这一辈子，还没受过这样的推崇。"

【评析】男仆巧妙而真诚的赞语，不但使鲍格伦高兴万分，而且也给自己解了围。

（3）先抑后扬的评价

> **事例**
>
> 清乾隆时期，王翰林为母亲做寿，请纪晓岚即席做祝寿词助兴。纪晓岚也不推辞，当着满堂宾客脱口而出："这个婆娘不是人。"老夫人一听脸色大变，王翰林十分尴尬。纪晓岚不慌不忙念出了第二句："九天仙女下凡尘。"顿时全场活跃、交口称赞，老夫人也转怒为喜。纪晓岚接着高声朗读第三句："生个儿子去做贼。"满场宾客变成哑巴，欢悦变成难堪。纪晓岚喊出第四句："偷得仙桃献母亲。"大家立刻欢呼起来。

【评析】纪晓岚别出心裁，故意掀起波澜，使祝寿词波折动人，自然语惊四座。主人听得很舒服，赞美者也因此得到他人的钦佩。

（4）虚心请教是高超的赞美术

> **事例**
>
> 日本著名推销员原一平一次去拜访一家商店的老板。
> "先生，您好！"
> "您是谁呀？"
> "我是明治保险公司的原一平，今天我刚到贵地，有几件事想请教您这位远近闻名的老板。"
> "什么？远近闻名的老板？"
> "是啊，根据我调查的结果，大家都说这个问题最好请教您。"
> "哦！大家都在说我啊！真不敢当，到底什么问题呢？"
> "实不相瞒，是……"
> "站着谈不方便，请进来吧。"
> ……
> 原一平就这样轻而易举地过了第一关，取得了准客户的信任和好感。

【评析】对于商店老板而言，有人诚恳求教，他自然会热情接待，乐意讲述他的生意经和成长史，而这些宝贵的经验，正是作为推销员的原一平需要学习的。他巧妙地以请教对方开始访谈，其实就是对商店老板的一种赞美，使他获得了商店老板的好感，这立刻打破了他们之间的距离感，既拉近了彼此的关系，又提升了自己的水平，一举两得。

（5）请他人帮忙也是对他人的赞美　这是因为你给了他人以重要人物的感觉，当一个人对其他人说"这事唯有你能帮助我"时，对方就会油然升起一种重要人物，甚至英雄人物的豪气来。

> **事例**
>
> 一位母亲带着自己四岁的儿子过马路，看着车水马龙的大街，母亲说："来，儿子，妈妈领着你，小心车。"儿子固执地说："不，我自己走。"母亲立即改口说："妈妈害怕车，你快领着妈妈。"儿子立即像英雄一样紧握着妈妈的手说："妈妈别怕，我保护你！"

请人帮忙的目的，只是为了让他感觉重要，而不是强人所难，应当只让他人帮一些力所能及的小忙。

赞美是嘴角的春风、言语的钻石；赞美是开启人心的钥匙，能瞬间满足人心最大的渴望；赞美是照在人心灵上的阳光。一句普普通通的赞美有时可以改变一个人的一生。不管是一个普通的人，还是一个伟大的人，都希望听到他人一句赞美的话。赞美不是虚伪的奉承，不是夸大其词的吹捧，赞美也不是一味地宽容；赞美是真诚的鼓励，赞美是对他人的鞭策。一句真诚的赞美可以激励一个人的一生，可以使他成就一番事业。有人说："赞美是畅销全球的通行证。"让我们都学会赞美，学会赞美同学、亲人、朋友，赞美我们身边的每一个人，这样，我们肯定能多一些收获，多一份成功，我们的社会环境也会更加和谐。

赞美虽是人人都会的，却不是人人都做得好的，因此，光知道赞美的方法还不够，还要不断提升自己。可以从以下方面入手。

首先，做一个真诚而谦虚的人，树立博爱的情怀。

对自己缺乏信心的人，讲不出赞美的话。他会过度担心对方以为他的赞美别有企图，为表示自己的清白，他宁可保持缄默。

生性自卑的人吝啬赞美他人，他误以为夸赞他人的优点，会把自己比下去。其实，赞美别人，就是肯定自己。由衷地表达对他人的欣赏，就是对自己有信心的表现。在他人的优点中，肯定自己的眼光；在他人的特色中，肯定自己的气度；在他人的表现中，肯定自己的观察。

不要以为赞美他人是一种付出，从"生命能量"的观点来说，这其实是一种能量转换，对他人赞美的时候，你已经获得了更多的力量。你真诚地说出一句句赞美的话，就如一串串珍珠挂在胸前，令你的心充满喜悦，令你在他人心中更加光华耀眼。

从现在起，就请你开始在日常生活中练习赞美他人，把它当成一种习惯。不论对象是不是你认识的人，包括你挚爱的亲友、有礼貌的公共汽车司机、认真负责的清洁员……都值得你给予由衷的赞美。不论对方表面上的反应是害羞、惊讶，还是感激，你的善意已经灌溉了他心中的花圃，它将绽放出朵朵心花，美化他的人生。

其次，拥有一双慧眼，善于发现美好。

赞美不要跟在其他人后面，人云亦云，要善于挖掘出对方一些不为人知的优点，于平凡中、细微处，去辨识一般人不易发现的美好。巴尔扎克说，第一个形容女人为花者是聪明人，第二个再这样形容的就是庸人，第三个纯粹就是蠢人了。如果一个健美冠军，我们去赞美他长得健壮，他是不会激动的，因为电视、电台、报纸都已做过介绍，我们的赞美还能有什么效力呢？但如果他喜欢烹饪，我们去赞美他菜做得好，他反而会兴奋不已。爱因斯坦就这样说过，别人赞美他思维能力强，有创新精神，他一点都不激动，作为大科学家，他听腻了这样的话，但如果有人赞美他小提琴拉得不错，他一定会兴高采烈。

最后，多读书，多实践。

读书使我们站在巨人的肩上，看得更远；读书使我们借用智者的经验，更加聪明。而赞美的艺术来源于人际交往的实践，要真正掌握它，也只有通过实践。我们应当在人际交往的实践中变得成熟起来。

课堂活动

请每位同学走上讲台，真诚而大方地用学过的赞美术来赞美班上值得赞美的同学。

作业：

1. 心理学的研究表明：一个人要改变一个最简单的习惯动作，至少要重复21次，如果要改变一个长期养成的习惯动作（如改用左手写字）则要经过半年的时间，才能得心应手。请从今日起，培养自己赞美他人的好习惯。每人写下自己同学的三个优点，并养成能够随时说出所看到的任何一个人的三个优点。

2. 为"最难忘的朋友"唱一支歌，送给"最难忘的朋友"一句话。

3. 多长时间你没有夸赞你的父母了？

老人最怕的就是不再被需要，你的关于他（她）被需要的语言是他（她）生存的必要条件。

多长时间你没有赞美你的朋友了？

生活中第二个快乐源泉来自生活中的朋友。日子是过一天，就少一天，同一个道理，多愉快一天，就少悲伤一天，这个账大家是算得清楚的，既然改变不了现实，就让大家都快乐地过好每一天吧。

多长时间你没有赞美你的老师了？

能为人师表，必然有他过人之处，去用心发现每位老师独特的优点并赞美他们吧。

课后拓展

（一）资料

1. 日本的推销之神原一平说："推销的秘诀在于研究人性，研究人性的关键在于了解人的需要，我发现对赞美的渴望是每个人最持久、最深层的需要。"

2. 美国著名思想家詹姆斯说："人性中最深的本质，就是希望得到赞赏。"

3. 我们喜欢那些喜欢我们的人，我们讨厌那些讨厌我们的人。

——人际心理学

4. 美国《幸福》杂志下属的名人研究会对美国500位年薪50万美元以上的企业界高级管理人员和300名政界人士进行的一项调查表明：93.7%的人认为人际关系顺畅是事业

成功的最关键因素,其中最核心的因素是学会赞美他人。

(二) 赞美给我们的启示

1. 会攻击你的敌人并不可怕,可怕的是会逢迎你的朋友。

2. 在别人背后只说他的好话,如果你找不到什么好话说,那你就保持沉默。

3. 仔细观察别人,那样你就会发现他做的好事。当你表示赞许的时候,你要充分说明理由,这样,你的称赞就不会有谄媚之嫌。

4. 经常引用别人高尚的思想和动机。每个人都希望被别人认为是宽容而无私的。如果你希望别人有所改善,那么你就做出仿佛你认为他已经拥有这些优良品质的模样。那样,他就会尽一切可能不让人失望。

5. 尽可能鼓励别人。你要称赞他获得的成果——即使是很小的成功。称赞如同阳光,缺少它,我们就没有生长的养分。你的称赞永远都不会多余。

6. 常常赠送一些小礼品——可以没有任何理由。这是因为,在礼物上花费的精力表明了你在他身上花费的心思,这是用行动表达对他的赞美。

(三) 倾听故事

故事一:

清末李鸿章深得慈禧喜爱的原因,据说是源于一次画狗比赛。有一次慈禧太后突发奇想,让文武大臣来个画狗比赛。大臣们不知其用意,也不知自己该画什么样的狗合适。李鸿章别出心裁,先画了雍容华贵、慈眉善目的慈禧太后,然后在其脚边画上一只俯首帖耳、摇尾顺从的哈巴狗。慈禧手捧此画问其意思时,李鸿章只说老佛爷是我的主人,主人脚下的那一只狗也就不言自明了。慈禧一听,开心地笑了。在这张画上,李鸿章可算一石数鸟,既赞美了老佛爷,又表明了自己的心迹,自比素有忠诚之名的狗,也不失身份。李鸿章从此官运亨通,飞黄腾达,并一直得到慈禧的信任。李鸿章如此溜须拍马,却没有留下"拍马屁"的坏名声,皆因其"拍术"独特。

故事二:

和珅在迎合皇帝这方面确实是天才,他采取的是隐蔽的、曲径通幽的方式。在乾隆面前,他既不装作是一无所知,也不装作是无所不知。要是一无所知,白丁一个,乾隆不会喜欢,因为你无能;要是无所不知也不行,因为乾隆认为自己很有学问,如果臣子显得比他还要有学问,乾隆也不会高兴。所以和珅的策略就是,既不一无所知,也不无所不知。乾隆皇帝一向自诩为天底下最聪明的人,但他并不真的是一个多么大的学问家,顶多是大半瓶子醋。和珅就很明白这一点,既然皇帝是大半瓶子醋,那么我就得是小半瓶子醋,绝对不能再多了,跟皇帝一样多也不行,他就总比皇帝少一点。

他留心皇帝平时看哪些书,发现乾隆平常喜欢读历史书,他就跟着读历史书。和珅先疏通皇帝身边的人，搞清楚皇帝最近读哪本书，他就回去赶紧秉烛夜读。第二天，皇帝无意中提起来，他就顺便把自己读这本书的体会说出来，说得很精辟。皇帝非常高兴，觉得他是个人才。要是一般人，到这也就为止了，这已经很迎合上意了。但和珅的过人之处还在于在给皇帝说书时，总是故意留出那么一两处错误，乾隆听到后就马上予以纠正。这样一来，马上就显得乾隆的学问高于他。这种纠错，让君臣交谈的气氛很融洽，让乾隆的心里很舒服。

和珅后来又发现乾隆热爱校对书籍。当时官方刻印一些书籍，凡是经典性的，乾隆经常调来，自己拿起朱笔亲自勘阅，一边看，一边纠错。和珅发现这一点以后，就每次把拿给皇帝校勘的书，隔两三页就让它出个错字。不能出很多错字，这样皇帝校勘起来会很辛苦，还会大骂下面的官员无能，办事不力；也不能让它一个错字都没有，这样皇帝勘阅书籍没有成就感，太难受了。所以和珅就安排少量的错字在乾隆要校勘的书里面，乾隆每隔两三页把它校出来，拿朱笔一勾。每勾出一个错字，就觉得自己干了人生的一件大事，一件快慰之事，非常舒心，非常有成就感。这样做，比当面去吹捧皇帝，说您的学问斗载车量，我们高山仰止之类的话要好得多。他充分满足了乾隆的虚荣心和成就感，也就成功地擒住了皇帝的心。

和珅曾自嘲说："忠臣人人尊敬，我不是忠臣；奸臣人人讨厌，我也不是奸臣，我只是一个弄臣而已。"

故事三：

曾有一名邮递员在送信途中，不小心被一块石头绊倒了，他刚想抱怨，却低头发现这是一块形状奇异的石头。他想，若是用许多这样的石头建成城堡，该多好啊！他好奇心顿生，便欣喜地将石头捡起来，装进邮包。之后，每天送信，他总会捡一块奇异的石头。日复一日，他捡的石头堆满了家门。于是他白天送信，晚上堆砌城堡。渐渐地有路人欣赏、赞美他的努力成果，并给予鼓励。终于，他在山坡上建成了一座又一座好看的城堡，有一天竟被登上报纸的头条。许多人慕名而来，其中包括当时著名的画家毕加索，他惊叹青年人的技艺，大家赞赏，并投资将这里改造成著名的旅游区。

故事四：

这是一个银行家的故事。在银行家上班的银行旁边，每天都蹲着一个乞丐。可是，这个银行家与其他的施舍者不同，总是在给乞丐钱的同时向他要一支他脚下的铅笔，并且说："你是一个商人呀，我是个从来都想从交易伙伴那儿得到更多好处的人。"

一天，乞丐不见了，银行家也渐渐忘掉了这个乞丐。有一天，银行家走进一家商店里，认出了那个乞丐。乞丐认出银行家后，激动地说："我总是期待着能再见到您。我能坐在这儿当经理是托您的福啊！您总是对我说'你是一个商人呀……'听了您的话，我开始想，我不该是讨钱的乞丐，而应该是一个商人，于是我开始卖铅笔了。您给了我自尊，托您的福，我意识到自身的价值了。"

故事五：

在美国的一个音乐厅内，发生了这样一件事。钢琴表演即将开始，剧场里的观众穿着正式的礼服，安静地等待着。座位的第一排，一位母亲带着一个8岁的小男孩，他显然有些不耐烦，在座位上动来动去。今天他是被母亲逼来的，母亲希望他在听过大师演奏之后，会对弹钢琴发生兴趣。过了一会儿，小男孩再也按捺不住，趁母亲不注意时，溜到了台上的钢琴前，他瞪着这些熟悉的黑白颜色的琴键，情不自禁地把手放上去，开始弹奏一首名叫《筷子》的曲子。

观众们都以厌烦的眼光看着小男孩，有人开始叫嚷："这是谁家的孩子，他的母亲在哪里？快把那男孩赶走！"这时，台后的钢琴大师听见台前的声音，赶忙抓起外衣，跑到台前，一言不发地站到男孩的身后，伸出双手，即兴地弹出一些和谐的音符来配合男孩演奏的乐曲。小男孩知道自己惹了麻烦，他的手开始颤抖，大师在男孩耳边低声说："你弹得棒极了，继续弹，不要停止，不要停止。"男孩听了大师的话，手指变得灵活起来。他弹完一首曲子后，观众们爆发出雷鸣般的掌声。男孩的妈妈感动得热泪盈眶，她激动地跑到台上向大师致敬。

故事六：

一个小女孩因为长得又矮又胖而被老师排除在合唱团之外。小女孩躲在公园里面伤心地流泪。她想：为什么我不能去唱歌呢？难道我真的唱得很难听吗？想着想着，小女孩就低声唱起来。她唱了一支又一支歌，直到唱累了才停止。"唱得真好听！"这时，一个声音响起来，"谢谢你，小姑娘，你让我度过了一个愉快的下午。"说话的是一个满头白发的老人，他说完后站起来独自走了。

许多年过去了，小女孩变成了大女孩。长成大女孩的她变得美丽窈窕，而且是小城有名的歌星，她忘不了公园靠椅上的那个老人。一个冬天的下午，她特意到公园来找老人，但她失望了，那里只有一张小小的孤独的靠椅。后来才知道，老人早已去世了。"他耳朵听不见，都聋了20年了。"一个知情人告诉她。姑娘惊呆了，那天那个屏声静气听她唱歌并热情赞美她的老人竟然什么也听不见！

第六章　沟通法则

一、懂得尊重

被人尊重是人性的根本需求，获得尊重和尊严感是人之为人的根本。英国戏剧家约翰·高尔斯华馁指出：人受到的震动有种种，有的是在脊椎骨上的，有的是在神经上的，有的是在道德感受上的，但最强烈、最持久的则是在个人尊严上的。美国心理学家马斯洛的需求层次理论强调，尊重是人性的核心需求。儒家提出的"和为贵"的思想，也在告诫我们互相尊重、求同存异是处理好各种社会关系的基础，是有效沟通的重要保障。

懂得尊重意味着在与人沟通时要重视不同个体的不同心理、情绪与智能世界，认可每一个存在的个体生命和他们呈现出的状态，以及每一个个体眼中所见到的不同世界；意味着凡事能站在别人的角度为他人着想。在人际沟通和交往中，如果尊重的需要得到满足，一个人就会自尊、自信、自励，在沟通和交往中就会呈现正能量。反之则会在沟通中表现出沮丧、自卑或者是对抗、厌恶与仇视，因而导致无法有效沟通。

只有真正懂得尊重的人，他才可以最好地保全与照顾自己，并纵横驰骋于多彩的世界和广袤的天地间，实现生命的价值和人生的意义。人与人之间的互相尊重，要求个人懂礼、修身、明德，这符合儒家"仁"的思想特征；要求人们不仅要爱自己、爱亲人，更要尊重他人，爱他人，这又符合墨家兼爱的思想特征；要求对人尊重恭敬，就是和谐社会，这也是佛家提倡的"六和敬"；如果每个人都能尊重他人，就能达到道家"无为而治"的理想境界；尊重是一种平等的心态、开放的信念和设身处地的同理心，是来自心底的，与他人无关。

（一）尊重的作用

1. 尊重是有效沟通的重要保证

> **事例**
>
> 日本小儿科医生内藤寿七郎先生，也是一位著名的教育家。爱哭闹的孩子只要一见到内藤博士就会停止哭泣。有一天，一位妈妈带着两岁多的男孩前来找内藤先

生看病。妈妈说，这孩子一口气能喝光一升的牛奶，因为喝牛奶超量患了牛奶癣，皮肤刺痒睡不着觉，举止焦躁不安。内藤先生不慌不忙地将白大褂脱下，然后蹲在那个男孩面前，看着对方的眼睛。"你喜欢喝牛奶吗？"内藤先生温和地问道。男孩点点头。内藤先生仍然目不转睛地看着他说："如果不让你喝你特别喜欢喝的牛奶，你能忍得住吗？"男孩显出一副烦躁和不满的神色，并且把脸扭向一边。内藤先生跟着转到孩子面前蹲下身子说："你可以不喝牛奶的，是吗？"不管男孩怎样不耐烦，拒绝回答，内藤先生的目光一直充满着信赖，口气也十分诚恳。终于，男孩轻轻地点了点头。奇迹发生了。男孩回家后不喝牛奶了，湿疹症状很快消失。一年半以后，他的母亲认为可以少喝点儿牛奶了，可男孩说："大夫说能喝我才喝。"母亲只好再请内藤先生来帮忙。这一次，内藤先生仍然是看着男孩的眼睛，微笑着说："你现在可以放心地喝牛奶了。"从那天起，男孩真的又开始喝牛奶了。

【评析】尊重不分年龄和身份。身为著名的教育家、儿科医生，内藤先生能屈身蹲在那个男孩面前，平视对方的眼睛，就是他对病人的尊重，是他能顺利劝说病人的有力方法。

有效沟通问题上有一条铁律：沟通的效果取决于对方的回应。真诚平等的尊重，往往会得到对方的回应。

2. 尊重能赢得朋友

事例

美国前总统富兰克林年轻的时候，很想获得为议会印文件的工作，可是出现了一个不利的情形，议会中有一个既有钱又能干的议员，但他非常讨厌富兰克林，甚至还公开斥骂富兰克林。这种情形对富兰克林是非常不利的。因此，富兰克林决定使对方喜欢上自己。

富兰克林为此绞尽了脑汁。向他的敌人借几块钱？这是没用的。他所请求的，应该是令对方非常高兴的事才行——这个请求要正好触动对方的虚荣心，使他觉得获得了尊重，还能很巧妙地表示出富兰克林对对方的知识和成就的仰慕才行。

于是他向那个议员请求道："听说你的图书室里藏着一本非常稀奇而特殊的书，我极欲一睹为快，请求你把那本书借给我几天，好让我仔细地阅读一遍，可以吗？"

果然，那个人马上叫人把那本书送来了。过了大约一个星期的时间，富兰克林把那本书还给了他，还附上一封信，强烈地表达他的谢意。

于是，下次当他们在议会里相遇时，那个议员居然首先跟他打招呼，并且极为有礼。自那以后，他随时乐意帮富兰克林的忙，于是他们成了好朋友，一直到他去世时为止。

【评析】 富兰克林为了巧妙地表示他对议员的知识和成就的仰慕，绞尽了脑汁，就是为了引起议员的被尊重感，借助议员的被高度尊重感来消除议员对自己的厌恶之情。他达到了目的，且二人成了好朋友。

与此相反，漠视就是对人的不尊重。

> **事例**
>
> 春秋时政治家晏婴用一匹驾车良马赎了奴仆越石父的身，将他带回齐国。到齐国后，晏婴对越石父招呼没打，就回家了。
>
> 越石父很生气，要与晏婴断绝交往。晏婴派人说："我与先生并没有交往，我看你可怜，赎你回来，你还不满足吗？为什么要与我断绝交情呢？"越石父说："听说君子最大的痛苦是找不到知己。我地位低下，没人了解我。你把我赎回来，我以为遇到了知音。可你这样不辞而别，和雇我当仆人又有何区别呢？还不如继续让我当仆人去！"
>
> 晏婴听到这样的话，赶快去见越石父，以恭敬的态度对他说："前两天只见到先生的容貌，今天才了解先生的志向。听说君子不因小误会而绝情，请给我一个改过的机会吧！"于是设宴招待越石父，以尊贵的朋友对待他，越石父激动地说："这样做，我反而不敢当了。"

【评析】 越石父原是一位地位低下的人，当他和相国晏婴交往时，最希望得到的是双方人格上的平等，由于和晏婴地位上的悬殊，他对被尊重的需求也就很强烈。社会地位的差别往往给人际交往与沟通带来隔阂，但是真诚的尊重却能有效地消除这种隔阂。

尊重别人，可以分为三种境界：

第一种境界：尊重亲人

第二种境界：尊重路人

第三种境界：尊重敌人

当我们可以做到尊重敌人的时候，我们其实已经没有了敌人，这才是真正的无敌。任何人都不可能尽善尽美，我们没有资格用不屑一顾的神情去伤害别人的自尊。心宽一尺，路宽一丈。若不是心宽似海，哪有人生的风平浪静？无论是你喜欢的还是讨厌的，无论是你的朋友还是你的敌人，都要尊重他们，这是一种勇气，更是一种智慧！

3. 尊重别人才能赢得自尊

> 爱尔兰大文豪萧伯纳有次到苏联访问，在街头遇见一位苏联小姑娘，小姑娘聪

明活泼，非常可爱，便同她玩了很久，临别时对她说："你回去告诉你妈妈，今天同你玩的是世界有名的萧伯纳。"小姑娘听罢，也学着萧伯纳的口吻对他说："你回去告诉你妈妈，说今天同你玩的是苏联姑娘丽莎。"说得萧伯纳无言回答，十分尴尬。

【评析】有时候，我们只顾表现自己，维护自己的自尊心，却在不经意中冒犯了他人，损伤他人的自尊心。萧伯纳对小姑娘的失礼，便是因为他只想到表现自己的自尊，而忽视了小姑娘的自尊。他的自尊是建立在有失小姑娘自尊的基础上的，难怪小姑娘要以同样的方式当面回敬他。这说明每个人不论其社会地位、职业身份、学历层次、年龄大小如何，在人格上都是平等的，而无任何理由歧视他人或受他人歧视。

有人往往习惯以居高临下的姿态待人，以显示其尊贵和不容轻视，如领导对部下的颐指气使，名人对普通人的不屑一顾，大人对小孩的动辄训斥，强者春风得意时对弱者与失意者的讥讽嘲弄。这其实都是没有用平等心看待他人，是自视高人一等，反而失去了被尊重，置自己于孤寡之地。真正懂得自尊者往往都非常注意尊重别人，大人物的平易、长者的和蔼、名流的谦逊、有钱人的乐善好施，不但无损自身的形象，反而会让人感到可亲可敬，更能显示其巨大的人格魅力。正如萧伯纳事后深有感触所说过的那样："一个人无论有多大成就，他对任何人都应该平等相待，要永远谦逊。"

课堂活动

1. 请用一句话简评上面几个事例。同学间交流自己曾经有过的类似事例及感受等。

2. 讨论：出了商场帮后面的人扶住大门，算不算尊重？红绿灯变绿了前面的车没有开，你就狂按喇叭，算不算尊重？和长辈一起吃饭将主位让给他坐，按资排辈算不算尊重？教授剽窃了学生的论文，但还是在最后加上了学生的署名，算不算尊重？

3. 尊重比关爱更重要。

✎ **事例**

某国一位儿童父母双亡，幸被一富豪资助，从此衣食无忧并顺利地完成了学业。在其成长的过程中，常有媒体对其追踪报道，富豪资助的事迹也便时常见诸报端。大学毕业在即，又有记者采访，问其准备怎样感谢资助人。谁料，此人出语震惊四座："不，我不感谢他，贫穷是最可耻的事，他用我的贫穷换取荣誉，我们是等价交换。"

【评析】乍一听，此人言语似有忘恩负义之嫌，深思之下，媒体报道将他羞于启齿的贫穷暴露给公众，使他受到了深深的伤害。许多年长者、有爱心的人或是有专业背景的人，常常希望能帮助弱者，使他们成长和成熟。但是在帮助的过程中往往忘记了一点，那就是，只有当一个人被尊重的时候，他们的"帮助与好心"才能被了解和接受。

在生活中这样的例子也不少，人们常常用"我是为你好"的名义来压抑对方的思想、行为和感受，特别是在年龄、身份、权威、力量不相称的时候。比如成人和孩子之间、老师和学生之间、老板与员工之间，强势的一方会在自觉或不自觉中有不尊重的举止，而弱势的一方也会在觉察或不觉察中接纳而不反抗，表面看似平静，内心却已经受到了伤害。生活上没有贫苦的弱者，每个人的人格都是独立的。

事例

这是发生在美国纽约曼哈顿的真实故事。

一天，一位40多岁的中年女人领着一个小男孩走进美国著名企业巨象集团总部大厦楼下的花园，在一张长椅上坐下来。她不停地在跟男孩说着什么，似乎很生气的样子。不远处有一位头发花白的老人正在修剪灌木。

忽然，中年女人从随身挎包里揪出一团白花花的卫生纸，一甩手将它抛到老人刚剪过的灌木上。老人诧异地转过头朝中年女人看了一眼，中年女人也满不在乎地看着他。老人什么话也没有说，走过去拿起那团纸扔进一旁装垃圾的筐子里。过了一会儿，中年女人又揪出一团卫生纸扔了过去。老人再次走过去把那团纸拾起来扔到筐子里，然后回原处继续工作。可是，老人刚拿起剪刀，第三团卫生纸又落在了他眼前的灌木上……就这样，老人一连捡了那中年女人扔的六七团纸，但他始终没有因此露出不满和厌烦的神色。"你看见了吧！"中年女人指了指修剪灌木的老人，对男孩说："我希望你明白，你如果现在不好好上学，将来就跟他一样没出息，只能做这些卑微低贱的工作！"

老人放下剪刀走过来，对中年女人说："夫人，这里是集团的私家花园，按规定只有集团员工才能进来。""那当然，我是巨象集团所属一家公司的部门经理，就在这座大厦里工作！"中年女人高傲地说着，同时掏出一张证件朝老人晃了晃。"我能借你的手机用一下吗？"老人沉吟了一下说。中年女人极不情愿地把手机递给老人，同时又不失时机地开导儿子："你看这些穷人，这么大年纪了连手机也买不起。你今后一定要努力啊！"

老人打完电话后把手机还给了妇人。很快一名男子匆匆走过来，恭恭敬敬地站在老人面前。老人对来人说："我现在提议免去这位女士在巨象集团的职务！""是，我立刻按您的指示去办！"那人连声应道。老人吩咐完后径直朝小男孩走去，他用手抚了抚男孩的头，意味深长地说："我希望你明白，在这世界上最重要的是要学会尊重每一个人……"说完，老人撇下三人缓缓而去。

中年女人被眼前骤然发生的事情惊呆了。她认识那个男子，他是巨象集团主管任免各级员工的一个高级职员。"你……你怎么会对这个老园工那么尊敬呢？"她大惑不解地问。

"你说什么？老园工？他是集团总裁詹姆斯先生！"中年女人一下子瘫坐在长椅上。

【评析】 老人对小男孩意味深长的话"我希望你明白，在这世界上最重要的是要学会尊重每一个人……"深刻地揭示了故事蕴含的真谛：以平等心尊重每一个人。

当然，尊重别人绝不可低三下四地奉承对方、迎合对方，而是要平等相待、以心交心。自己不想要的东西，不可强加给别人，比如你不愿受人欺骗或是遭人背后议论诋毁，那么你也不应该去欺骗或背后诋毁他人，正所谓"己所不欲，勿施于人"。反之亦如此，要想在困难时得到别人的帮助，在无意冒犯别人时得到对方的宽容，那就不要对别人的困难视而不见，漠不关心，不能对别人的不当小节过分计较。做到这些，虽然未必能够尽如人意，却是对人不加伤害，对己不失尊严。

那么，如何做到尊重他人呢？

课堂活动

听故事，谈感受：

故事1：电影院里，甲和乙边看电影边议论，吃零食的时候还发出很大的声音，一会儿，甲的手机又响了，又大声接电话。

故事2：甲手里拿着一袋瓜子，一边走路，一边嗑瓜子，还把瓜子皮扔得满地都是，引得路人注视。

故事3：

场景：课代表（手拿一叠试卷）：发数学试卷了，同学们！（走到甲跟前）：给你。（甲扫了一眼分数，立刻把分数捂住）

乙：（扯甲的试卷）哎，你多少分？让我看看！（终于扯出，嘲笑）啊！才六十分？这么简单的题你才六十分？你脑子进水啦？

（二）尊重的方法

1. 待人接物中的理解和包容

在沟通过程中，我们要力求做到与沟通对象同步，也就是力争在一个频道，这样才能更好地接收对方的信号，体会对方的心理与情感，进而达到对沟通者的理解与包容。具体做法是力争与沟通者的心理情绪同步，身体状态同步，语言文字同步，语调语速同步，肢体语言同步等。心理情绪同步就是沟通时和对方保持同样的心理和情绪，对方快乐，你也要高兴，对方悲伤，你也要难过，我们甚至要给其泄愤释怒的机会，这样才能更好地获得他的认同和好感，缓解抵抗情绪，为顺利沟通做好铺垫。再如，根据对方的说话特点和心情好坏随时做好调整，和对方做到语速语调的同步以及肢体语言同步，这就很容易与对方建立一种亲和力。

> **事例**
>
> 　　一次，一位酒店管理专业的人士小吴去应聘酒店总经理的助理，经过几轮复试，最后留下他和一个姑娘，到见总经理的最后阶段。
> 　　那天，他们两个人一起被通知去总经理的办公室，路上遇到一位保洁阿姨在擦玻璃，她的清洁车放在旁边，转身时不小心撞到姑娘，桶里的水溅到了两个人的身上。那位姑娘瞬间火大地说："你有没有长眼睛，你是不是故意的？我等会要面试，现在你看看我这样怎么去见人，耽误了我的面试你负责得起吗？真是倒霉。"说完，姑娘又转头对小吴说："你等下我，我去收拾下，等会儿一起去，要不然你一个人去也不好，对吧？"说完不等回答就往洗手间方向去了。
> 　　小吴听到姑娘这样说话，对她顿时没了好感。小吴安慰保洁阿姨说："阿姨，没关系，就是溅到一点水，你别太自责，下次注意就好。"然后帮保洁阿姨把地上的水拖干净，在等那位姑娘的时候，边和阿姨聊天，边帮保洁擦干净高处的玻璃。
> 　　最后，他们两个人到总经理的办公室，总经理对小吴伸出手说："恭喜你，你被录取了。"原来，所谓最后一场面试，就是刚才保洁阿姨的那段考验。那位总经理说："我们是服务行业，心里有别人，懂得尊重别人是最重要的。"

【评析】尊重是一个人有教养的重要体现。顾及别人的感受，懂得换位思考，肯于原谅他人的过失，才会赢得别人的尊敬和支持。

2. 巧妙维护他人的自尊

真正地从内心、态度和礼仪上尊重他人，有时候是需要技巧的，能够巧妙维护他人自尊的人，是真正懂得尊重的人。

> **事例**
>
> 　　一个坐轮椅的残疾青年想冲过一道台阶，几经努力，都没有成功。正当他一筹莫展的时候，一位俏丽的姑娘从后面走来，残疾青年的一切她都看在眼里。她从口

袋里悄悄掏出一枚硬币，顺手一扔，硬币刚好滚在那青年人的轮椅下，她非常自然地走到青年人旁边说："对不起，我的钱掉到你的轮椅下了。"说着，就把轮椅一推，那青年便稳当地上了那台阶，姑娘说了声："谢谢！"就捡起钱走了。

【评析】 这一切看起来那么自然地结束了，那姑娘给予青年的不是居高临下式的施舍与同情，而是一种尊严和帮助。施爱者与受爱者在人格上应该是完全平等的。

事例

大名鼎鼎的富兰克林也有段轶事。一天下班，他和一位同事走下楼梯，来到大厅出口。此时，走在前面的一位女士忽然在光滑的地板上摔倒。富兰克林的同事见状，马上要上去帮忙，可富兰克林却一把拉住了他，一起躲到了一根立柱后面。那位摔倒的女士已经迅速地爬了起来，一边打量四周，一边整理衣裙、头发，走向了自己的汽车。直到这时候，富兰克林才拉着他的同事从立柱后面走出来。这一幕让同事感到很困惑，一个平常对别人充满同情心的人，为什么在别人摔倒时不及时伸出援手，却躲了起来？富兰克林正色道："有谁希望被人看到自己的尴尬和狼狈相呢？我们躲到立柱后面，是让那位女士确信，没有人看到她难堪的一面。否则，她以后遇见我们，一定会感到羞愧。"

【评析】 富兰克林的这一停、一躲，就是他对别人心理的极大理解和尊重。躲避不看，也是一种尊重。尤其是在别人尴尬、难堪的时候，比如办公室里的吵架，夫妻双方的斗嘴。再比如对待一个身体有缺陷的人，不要过分关注，也是一种最好的尊重。身体有缺陷的人心理最敏感脆弱，他们最怕别人用异样的眼光盯着他们，否则会感到自卑。所以，尊重他们的姿势，就是"不看"。

3. 以共情的态度倾听

倾听是一门艺术，第一步是停下来，在行动上、语言上、心理上都要停下来，把一段时间完全交给诉说者；第二步是等一等，耐心听他人把话说完，听完全部事实，并表示出自己对对方话语的兴趣；第三步是我们尽量少给他人提出指导和意见，最好的办法是引导他人对发生的问题进行自己的分析和判断。

事例

有位妈妈声带上长了结节，医生要求她噤声，至少10天不许说话。回到家里，儿子放学进门就嚷："我恨老师！再也不去学校了！"

因为妈妈不能讲话，所以她没有像平时那样严厉地训斥她的孩子。她拉过孩子的手，静静地听孩子的倾诉。

气愤的儿子趴在母亲的膝盖上，伤心地哭着说："妈妈，今天老师叫我们写一篇作文，我拼错了一个字，老师就嘲笑了我一番，结果同学们都笑我，真没面子！"

妈妈依然没有说话，只是搂着伤心的儿子。儿子沉默了几分钟，从妈妈怀中站了起来，平静地说："我要去公园了，同学们还等着我呢。谢谢您听我说这些事。"

【评析】由于嗓声这个特殊原因，这位母亲耐心听孩子把话说完了，孩子便觉得妈妈对他的话感兴趣，理解他，支持他，孩子在妈妈这里得到了共情，便认为自己得到了自尊，也和妈妈建立了良好的关系。

许多时候，人们并不需要他人的指导和教训，他们需要的是有人倾听他们的诉说，有人理解他们的感受。他们需要在受伤的时候、沮丧的时候、愤怒的时候或者兴奋的时候，有人能全神贯注地倾听他们并和他们一起分担或分享。

课堂活动

帮助他们来解决问题：

1. 一位妈妈第二天要上交自己的述职报告，在电脑前辛苦地工作着，此时她的小孩子在身边喊叫。这位妈妈该如何对待孩子。

2. 茜茜是某大学读大二的学生。茜茜告诉记者，"大老远的，回来才过了三天，妈妈就开始嫌弃我。"

原来，回家没几天，由于茜茜把房间弄得很乱，妈妈提醒了几次，茜茜也没整理，被妈妈批评了。母女俩你一句我一句争执起来，后来忍无可忍的茜茜和妈妈大吵了起来。

"我都这么大了，妈妈还不尊重我的生活方式，总是唠叨我，说我这也不对，那也不对，我都快崩溃了，实在受不了了。"茜茜说。

"都大学生了，习惯还那么差，整天宅在家里，除了看电视就是玩游戏，一点都不勤快，这样的孩子不教育怎么能行？将来大学毕业走上社会，怎么办？"茜茜的妈妈认为自己教育女儿没错，是女儿顶撞自己才导致吵架的。

尊重在人际沟通中能呈现出优良的个人修养和礼貌性，能彰显闪耀的人格。

特别强调一点：尊重他人的情绪与情感，给足他人"面子"，他人就会给足你"面子"。即使你有着善意的初衷，如果在众目睽睽之下使对方颜面受损甚至颜面尽失，对方不仅不会意识到你的良好初衷，还会为了自卫而产生逆反心理，进而做出对你不利甚至与你对抗的事情。相反，如果你能够适当地替对方保住面子，给对方以尊重，甚至让对方对你产生亏欠感，在以后的沟通与接触中他就会对你肃然起敬，进而真正的有求必应。正如古人所说："敬人者，人恒敬之"。真正优秀的人，对任何人都会心存尊重。我们应培养自己谦虚的品德，以礼敬奠定做人的基础。

课后拓展

（一）名人名言

1. 对人不尊敬的人，首先是对自己不尊重。——陀思妥耶夫斯基
2. 我不赞同你的观点，但是我会誓死捍卫你表达观点的权利。——伏尔泰
3. 不尊重别人的人，别人也不会尊重他。——席勒
4. 对别人的意见要表示尊重。千万别说："你错了。"——卡耐基
5. 要尊重每一个人，不论他是何等的卑微与可笑。要记住活在每个人身上的是和你我相同的性灵。——叔本华
6. 尊重生命，尊重他人，也尊重自己的生命，是生命进程中的伴随物，也是心理健康的一个条件。——弗洛姆
7. 尊重别人的人不应该谈自己。——高尔基

（二）课外阅读

1. 阅读《了凡四训》。
2. 阅读卢梭的《忏悔录》。
3. 阅读《一碗清汤荞麦面》，感受老板夫妇如何保护顾客的自尊心的。

（三）倾听故事

1. 一次，美国卓越的幽默表演大师卓别林正要登台演出，一位热心的观众忽然提醒他："大师，你的上衣纽扣忘了扣了。"卓别林一怔，连忙表示感谢，并很快将纽扣扣好。当那位观众走开后，他又悄悄地把纽扣解开。这一幕正好被前来采访的记者看到了，问卓别林："您这样做何苦？"卓别林回答道："我要扮演的是一位长途跋涉者，松开纽扣更能体现他的辛苦劳顿，会给观众留下真实的形象。但对别人的善意提醒，要以感谢的态度给予回报，去尊重他！"

2. 一家生意红火的蛋糕店门前站着一位衣衫褴褛，身上散发着难闻气味的乞丐。旁边的客人都皱眉掩鼻，露出嫌恶的神色来。

店员喊着："一边去，快走吧。"乞丐却拿出几张脏乎乎的小面额钞票小声地说："我来买蛋糕，最小的那种。"

店老板走过来，热情地从柜子里取出一个小而精致的蛋糕递给乞丐，并深深地向他鞠

了一躬,说:"多谢关照,欢迎再次光临!"

乞丐受宠若惊般离开,要知道他从来没有受过如此殊荣。店老板的孙子不解,问道:"爷爷,你为什么对乞丐如此热情?"

店老板解释说:"虽然他是乞丐,却也是顾客呀。他为了吃到我们的蛋糕,不惜花去很长时间讨得的一点点钱,实在是难得,我不亲自为他服务怎么对得起他的这份厚爱?"

孙子又问:"既然如此,为什么要收他的钱呢?"店老板说:"他今天是客人,不是来讨饭的,我们当然要尊重他。如果我不收他的钱,岂不是对他的侮辱?我们一定要记住,要尊重我们的每一个顾客,哪怕他是一个乞丐,因为我们的一切都是顾客给予的。"小孩若有所思地点点头。

这个店老板就是日本大企业家堤义明的爷爷。堤义明坦言,当年爷爷对乞丐的一举一动深深地印在了他的脑海里,后来曾多次在会上讲到这个故事,要求员工像他爷爷那样尊重每一个顾客。

(四)填空

请尽力列举:我们应该尊重_____、尊重_____、尊重_____、尊重_____、尊重_____等。

参考答案:尊重科学、尊重规律、尊重环境、尊重历史、尊重生命、尊重逝者、尊重人的习惯、尊重人的生命、尊重人的劳动、尊重人的权利、尊重人的人格、尊重人的价值、尊重人的利益、尊重人的创造、尊重人的个性、尊重人的自由、尊重人的能力等。

(五)请牢记

不要强加自己的想法给别人。

不要嘲笑别人的弱点。

不要随便动别人的东西,就是最要好的朋友,也不能"先斩后奏"。应该先打招呼,得到允许后才用。

不要给别人下不了台。

不要违约,哪怕小小的约定。有约就要遵守,否则就别相约。

不要在背后议论别的同学的缺点。记住:"好话在人后说,坏话在人前说。"

不要取笑挖苦别人,特别是他人的外貌和穿着。开玩笑要有分寸。

与同学交往不要只谈论自己的事或自己感兴趣的事。

不要因为别人对你提意见而生气,要充满感激之情地面对批评你的人,无论是善意的还是非善意的,因为他人的批评会促使你不断进步。

二、心怀感恩

(一) 感恩的作用

让我们先来做一个小小的调查：你知道父母的生日吗？你为他们的生日送过祝福吗？你为父母端过洗脚水吗？教师节到来时，你向教过你的老师由衷地道过谢吗？你是否铭记着给过你帮助的人，并找机会回报他们呢？你的回答如果是"是"，那么，你就是一个懂得感恩的人。

什么叫感恩？"感恩"是个舶来词，牛津字典给的定义是："乐于把得到好处的感激呈现出来且回馈他人。"感恩是一种对恩惠心存感激的表示，是每一位不忘他人恩情的人萦绕心间的情感。感恩是人们"对自然、社会和他人给自己的恩惠和方便的由衷认可，并真诚回报的一种认识、情感和行为"。在美国，感恩节是一个法定假日。在这一天，具有各种信仰和各种背景的美国人，共同为他们一年来所受到的来自上帝的恩典表示感谢，虔诚地祈求上帝继续赐福。

其实，我们对父母、师长、亲朋、同学、社会等都应始终抱有感恩之心。我们的生命、健康、财富以及我们每天享受着的空气、阳光、水源，莫不应在我们的感恩之列。曾有一位盲人在乞讨用的牌子上这样写道："春天来了，而我却看不到她。"我们与这位盲人相比，进而与那些失去生命和自由的人相比，现在能这样快快乐乐地活在世界上，谁说不是一种命运的恩赐？我们还会时常愤怒得发抖，而总是抱怨命运给自己带来不幸吗？要学会感恩，要用真诚的心去对待我们周围的一切。

只要你胸中常常怀着一颗感恩的心，随之而来的，就必然会在你的身上出现诸如热情、自信、坚定、善良等美好品格。自然而然地，你的生活中便有了一处处动人的风景。

感恩，是快乐的源泉。感恩，可以消除内心的积怨。童话作家金小芙说："种植什么，都不如种植感动来得快。"感恩的心容易感动，感动的心充满感激，感激的心快乐无穷。

感恩，是生活中的大智慧，也是现代社会人们健康性格的表现。

事例

2004年4月22日，备受关注的马加爵一案在云南某法院开庭审理，其中一细节令人震惊：马加爵在长达一天的庭审中平静自然，居然不曾回头看一眼坐在旁听席上的父母。其父马建夫因自感儿子来日不多而痛不欲生，并自觉儿子罪孽深重而四方谢罪。

【评析】马加爵在因微小纠纷杀害四位同室好友时，既未感念父母之恩，也未顾惜同学之情；他哪里还记得学校给他的助学金，哪里还记得国法和良知。马加爵正是这样因"忘恩"而"负义"，进而断送了他人的生命，也因此断送了自己的生命，断送了父母的希望。可见，一个连感恩都不知晓的人必定有着一颗冷酷绝情的心，这样一颗冷酷绝情、麻木的心带来的后果是可怕的。

拒绝感恩，是道德的失落，是不文明的表现。感恩是一种做人的道德，是一种美好的情感，是人性的高贵之所在，更是一种人生境界的体现。

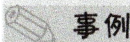 事例

蓝色缎带

一位在纽约任教的老师决定采用一种做法，就是将学生逐一叫到讲台上，然后告诉大家这位同学对整个班级和对她的重要性，再给每人一条蓝色缎带，上面以金色的字写着："我是重要的"。

之后，那位老师想继续做一个研究，来看看这样的行动对一个社区会造成什么样的冲击。她给每个学生3个缎带别针，叫他们出去也给别人相同的感谢仪式，然后观察所产生的结果，一个星期后回到班级报告。

班上一个男孩子到邻近的公司去找一位年轻的主管，因他曾经指导他完成了生活规划。

那个男孩子将一条蓝色缎带别在年轻主管的衬衫上，并且再多给了他2个别针，接着解释道："我们正在做一项研究，我们必须出去把蓝色缎带送给我们感谢并尊敬的人。我再给你三个别针，希望你也能向别人进行相同的感谢仪式。下次请告诉我，这么做所产生的结果。"

过了几天，这位年轻主管去看他的老板。从某种角度看来，他的老板是个易怒、不易相处的人，但极富才华。他向老板表示自己十分仰慕他的创作天分，老板听了十分惊讶。

这个年轻主管接着要求他接受蓝色缎带，并允许自己帮他别上。一脸吃惊的老板爽快地答应了。

年轻主管将缎带别在老板外套对应心脏正上方的位置上，并将剩下的别针送给老板，然后说："您是否能帮我个忙？把这缎带也送给您所感谢的人。这是一个男孩子送我的，他正在进行一项研究。我们想让这个感谢的仪式延续下去，看看对大家会产生什么样的效果。"

那天晚上，那位老板回到家中，坐在他的14岁儿子的身旁，告诉他："今天发生了一件不可思议的事，白天在我的办公室里，有一个年轻的同事告诉我，他十分仰慕我的创造天分，还送我一条蓝色缎带。他认为我的创造天分如此值得尊敬，甚

至将印有'我是重要的'的缎带别在我的夹克上,还多送我一个别针,让我把它送给自己感谢并尊敬的人。我今晚开车回家时,就开始思索该把别针送给谁呢?我想到了你,你就是我要感谢的人。"

"这些日子以来,我回到家里并没有花许多精力来照顾你、陪伴你,我真是感到惭愧。有时我会因你的学习成绩不够好、房间太过脏乱而对你大吼大叫。但今晚,我只想坐在这儿,让你知道你对我有多重要,除了你妈妈之外,你是我一生中最重要的人。好孩子,我爱你。"

他的孩子听了十分惊讶,他开始呜咽啜泣,最后哭得无法自制,身体一直颤抖着。他看着父亲,泪流满面地说:"爸,我原本计划明天离家出走,我以为你根本不爱我,现在我想我不会那样了。"

【评析】感恩是人与人情感的纽带。尊敬别人的人,同样会受到别人的尊敬。正像站在镜子前面一样,你怒他也怒,你笑他也笑。赠人玫瑰,手上常留一缕芳香。

"感恩"能够扩充人们心灵空间的"内存",让人们宽容起来,并减少人与人之间的摩擦,化解人与人之间的矛盾,缩短人与人之间的距离,增强人与人之间的合作。所以,如果人人都有感恩思想,那么,人与人、人与自然、人与社会之间就会变得更加亲切、更加和谐,我们自身也会因为这种感恩心理的存在而变得愉快和健康起来,生命才会得到更好的滋润。

感恩是通向人生成功的大道。

事例

多年前,在美国印尼安纳州盖里城有这样一个家庭,在一个圣诞节的早上,一家人蜷缩在一张小床上,他们极不愿醒来,因为他们实在是穷得可怜,不知道怎样熬过这一天。正在他们饥饿难耐的时候,沉重的敲门声在耳边响起,家里的一个男孩跑去开门,门口出现一个高大的男子,他手里提着一个大篮子,里面装满过节所需要的东西:一对火鸡、配料、厚饼、甜薯及各式罐头等,全是圣诞节大餐不可或缺的。这一家人一时愣住了,连一句感谢的话都说不出来。男子温和地说道:"我是受人委托来给你们送东西的,我希望你们知道,有很多人还是在关怀和爱你们的。"这家人不好意思接受这份珍贵的礼物,男子把篮子放在男孩的臂弯里时由衷地说道:"圣诞节快乐!"然后便转身离去。

就在这一刻,男孩有了深深的体会:人生始终存在着希望,随时有人——即使是陌生人——也在关怀着他们。在他内心深处,油然涌起一股感恩之情,他发誓日后也要以同样的方式去帮助其他需要帮助的人。果然,在他18岁时,他用自己的一点微薄积蓄帮助了一位贫困的妇女。这个男孩就是世界级潜能开发专家——安东尼·罗宾。

【评析】安东尼·罗宾是一位白手起家的亿万富翁。他是克林顿、阿加西等众多世界名人的心理教练，1993年被评为"美国十大杰出青年"之一。他以感恩之心来帮助他人，丰富自己的人生。他通过向别人传授潜能开发的方法，在使别人获得成功的同时也使自己获得了成功。

感恩，不仅是一种心态，更是一种品质。

事例

一次，美国前总统罗斯福家失盗，被偷去了许多东西，一位朋友劝他不必太在意。罗斯福给朋友写了一封回信："亲爱的朋友，谢谢你来信安慰我，我现在很平安。感谢上帝：因为第一，贼偷去的是我的东西，而没有伤害我的生命；第二，贼只偷去我部分东西，而不是全部；第三，最值得庆幸的是，做贼的是他，而不是我。"

【评析】对任何一个人来说，失盗绝对是不幸的事，而罗斯福却找出了三条感恩的理由。拥有一颗感恩的心，换种角度去看待人生的失意和不幸，你就总会保持健康的心态、完美的人格和进取的信念。

感恩，是一种歌唱生活的方式，更是一种习惯和态度。那么，我们该如何去感恩呢？

（二）感恩的方法

我们不仅要懂得感恩，而且要学会感恩，去真诚地回报他人与社会。这样，温暖的链条才能环环相连，历史的车轮才能滚滚向前。

1. 感恩要识恩、知恩

我们生活在这个世界上，所有的一切，包括一草一木都对我们有恩情。在生活中，我们要用心去体会，感受来自方方面面的恩惠。例如，父母带给我们生命，在生活中给予我们点点滴滴的关爱与照顾；朋友带给我们真挚的友情，在生活中给予我们关心和鼓励。生活中的挫折磨炼了我们的意志，苦难锤炼了我们的品质，使我们更深刻地理解了生活。社会孕育了一个个相似而又不尽相同的个体，组成了一个丰富多彩的大千世界。

我们生活在这个世界上，大自然给予我们的恩惠太多：品味太阳的恩泽，那是我们对温暖的领悟；品味蓝天的恩泽，那是我们对纯净的蓝天一种认可；品味草原的恩泽，那是我们对"野火烧不尽，春风吹又生"的叹服；品味大海的恩泽，那是我们对浩瀚无垠的一种崇拜。请用心灵去品味生活中的一切，领受这一切的恩泽，这样我们就会永远怀有一颗感恩的心。唯有用纯真的心灵去感动、去铭刻、去永记、去回报，才能真正对得起给你恩惠的人。

"赠人玫瑰，手留余香。"我们只有学会感恩他人，才可能成为被感恩的人；只有感恩他人，我们才会感动自己。对生活感恩，其实也是善待自我，学会生活，收获快乐。

课堂活动

1. 用3分钟时间想一想你们的父母，这个时间他们在什么地方，在做什么，他们有没有笑，想好了发言。

2. 请讲述三个父母给你恩惠的故事，并表达一下你的感恩之情。再请讲述三个老师给你恩惠的故事，并表达一下你的感恩之情。最后请讲述三个班上同学给你恩惠的故事，并表达一下你的感恩之情。

3. 教师放歌曲《母亲》和《感恩的心》（全班齐唱）。

请铭记

感激生育你的人，因为他们使你体验生命；感激抚养你的人，因为他们使你不断成长；感激帮助你的人，因为他们使你渡过难关；感激关怀你的人，因为他们给你温暖；感激鼓励你的人，因为他们给你力量；感激教育你的人，因为他们让你远离愚昧；感激钟爱你的人，因为他们让你体会爱情的宝贵；感激伤害你的人，因为他磨炼了你的意志；感激绊倒你的人，因为他强化了你的双腿；感激欺骗你的人，因为他增进了你的智慧；感激蔑视你的人，因为他唤醒了你的自尊；感激遗弃你的人，因为他教会了你自立。凡事感激，学会感激，感激一切使你成长的人！

2. 感恩要报恩、施恩

"滴水之恩当涌泉相报""乌鸦反哺"，这是我们中华民族对知恩图报、有恩必报的劝勉和赞美。感恩，是要把得到好处的感激呈现出来且回馈他人。报恩，就是对哺育、培养、教导、指引、帮助、支持乃至救护自己的人心存感激，并通过自己十倍、百倍的付出，用实际行动予以报答。报恩可从以下方面开始：

（1）学会尊重与付出，关爱身边的人　人与人之间需要互相支持，每个人都在享受着他人通过付出给自己带来的快乐生活。尊重他人是感恩的基础，请从你身边的人开始。尊重他人的人格，尊重他人的劳动，尊重他人的习俗。只有尊重、关爱身边的人，才能与人和谐相处；多做有心人，及时给身边的人们送上温暖。

事例

1860年，美国总统大选结束后，林肯当选为总统。他任命参议员萨蒙·蔡斯为财政部长。对此，许多人反对这一任命。因为蔡斯虽然能干，但十分狂妄自大。他

> 自己想入主白宫，却输给了林肯；他认为自己比林肯强得多，对林肯非常不满意，并一如既往地追求总统职位。林肯的做法引起了一位官员的不满，他批评林肯不应该试图跟那些人做朋友，甚至把大权交给他们，而应该消灭他们。林肯十分温和地说："当他们变成我们的朋友时，难道我不是在消灭我的敌人吗？"
>
> 林肯尊重他的对手，也赢得了对手的尊重，蔡斯后来成为一位出色的财政部长，成了林肯最得意的助手。

我们只有懂得尊重他人，才能以平等的眼光看待每一个生命，才能发现他人及自我的价值。

尊重以自尊为起点，尊重他人、社会、知识、自然，在自己与他人、社会的相互尊重中，以及在与大自然的和谐共处中追求生命的意义，展现、发展自己的独立人格。

人的一生，为他人付出得越多，他就越富足，他就越过得胸怀坦荡、泰然自若；而一个人给予他人的越少，他的心灵就越贫瘠，就越过得心神不宁、惴惴不安。付出、奉献、分享和帮助，这是我们真正的立身之本。只要我们养成习惯，就会拥有越来越多的可付出、可奉献、可分享、可给予和可帮助的东西，也就有越来越多的心灵与财富的富足。

伟大的作曲家舒曼临终前这样感谢他的老师维克多："虽然后来因为您的女儿和我的婚姻问题，您做了很多伤害我的事，可我依然感谢您，谢谢您教我音乐，也谢谢您最终把女儿嫁给我。"是的，感恩的心不能因为曾经给予恩情的人有过错误就收起感谢。感恩，既为感恩本身，也为他人曾经给过的相助和真挚。

不要吝惜你的感谢，因为感恩是对人间真情的肯定；不要吝惜你的感谢，因为感恩也是对自己的肯定。

感恩是生活中最大的智慧，时常拥有感恩之情，我们便会时刻有报恩之心；有了报恩之心，我们就会把成就归功于大家，失误归咎于自己。这时，牺牲精神便会凝聚在我们体内，当需要舍弃个人英雄主义时，我们就能坦然面对；当国家面临困难的时候，我们就会甘愿牺牲自己的利益；当他人出现困难的时候，我们就会挺身而出、热情帮助。

---- **课堂活动** ----

"感恩不待时"，请拿出我们的实际行动，向爱我们的人和我们所爱的人感恩，请同学们相互交流自己的具体做法。例如：

1. 为辛苦工作、劳累了一天的父母倒一杯茶，揉揉肩，讲讲笑话。

2. 每天好好学习，回家聊聊学习情况，谈谈收获，讲讲感受，给父母一个好心情。

3. 多体谅、理解父母，不与父母争吵，多为父母着想。

4. 学会拥抱父母，说声"谢谢"。
5. 为父母分担一些家务和烦恼。
6. 学会节约，不浪费父母及他人的劳动成果。
7. 每天反思，学会对父母说"对不起"。
8. 学会尊重、关爱身边的人。多做有心人，及时送温暖。

（2）不抱怨，以积极的心态面对人生　不抱怨，要求我们珍惜大自然赋予我们的一切，用一颗平和的心去面对不公与挫折，不怨天尤人。人生在世，不可能事事都一帆风顺，种种失败、种种无奈都需要我们勇敢地面对、豁达地处理。这样，人的一生才会生活得富足和美好。

如果一个人的生活经历反差比较大，往往思想就会比较深刻，看问题就会比较敏锐。反之，如果一个人的生活经历比较平淡，考虑问题往往比较肤浅。而这种反差往往伴随着挫折和苦难，所谓"周文王被拘而演绎《周易》；孔子一度遭遇厄运而作《春秋》；屈原被放逐而作赋《离骚》；左丘失明著有《国语》；孙子膑脚著述《兵法》；吕不韦被贬蜀国世传《吕氏春秋》；韩非被囚秦国才有《说难》和《孤愤》"，正说明了这个道理。苦难使人变得坚强；失败使人走向成功；痛苦使人更深刻地认识了自己。可见，所有的苦难、失败和痛苦都是一种心灵的洗礼。我们要积极改变消极情绪和心态，把苦难和挫折化为磨砺自己的磨刀石，化为自己前进的动力。这样，我们就能在困难中找到自己的价值和幸福。坦然地面对生活，这才是一种积极向上的乐观态度，一种处变不惊的人生理念，一种高格调的真诚与豁达，一种直面人生的成熟与智慧。

事例

在法国一个偏僻的小镇上，有一泓据说很灵验的清泉，可以医治百病。有一天，一个少了一条腿、挂着拐杖的退伍军人很吃力地走过镇上的马路。旁边的镇民看到他，不禁说道："可怜的人啊，难道他想祈求上帝再给他一条腿吗？"恰巧这句话让退伍军人听到了，他对镇民说："我并不是想祈求上帝再给我一条腿，而是请求他帮助我，告诉我在没有了一条腿的情况下也知道如何生活。"

【评析】扭转思维方向，让地狱变成天堂。生活总是现实的，那个残疾军人之所以没有绝望，是因为他知道，自己并没有失去一切；他还知道，抱怨解决不了任何问题。要求得幸福，就要用积极的心态寻找适当的方法来化解不幸，这是我们对生活的回报。

不要以为自己是不幸的，其实幸与不幸以不同的方式存在于我们中间。如果你拥有时认为那是理所应当的，那么在你失去之后，也应该平静接受，就像那个少了一条腿的退伍军人,忘记过去,直面未来。

抱怨是失败的借口。不抱怨,对他人、对环境就会少一分挑剔,多一分欣赏,就可以帮助我们度过最大的痛苦和灾难;不抱怨,就可以稀释我们心中狭隘的怨恨。抱怨不如改变。

> **事例**
>
> 奎尔是一家汽车修理厂的修理工,从进厂的第一天起,他就开始喋喋不休地抱怨,什么"修理这活儿太脏了,瞧瞧我身上弄得多脏",什么"真累呀,我简直讨厌死这份工作了……"每天,奎尔都是在抱怨和不满的情绪中度过。他认为自己在受煎熬,在像奴隶一样卖苦力。因此,奎尔每时每刻都窥视着师傅的眼神与行动,稍有空隙,他便偷懒耍滑,应付手中的工作。
>
> 转眼几年过去了,当时与奎尔一同进厂的三个工友,各自凭着精湛的手艺,或被公司送进大学进修,或被提拔成为领导,唯有奎尔,仍旧在抱怨声中做他讨厌的修理工作。

【评析】奎尔成了抱怨的最大受害者。在现实世界中,有太多人虽然受过很好的教育,且才华横溢,但在公司里却长期得不到提升,一个重要的原因就是他们不愿意自我反省,总是怨天尤人,对工作抱怨不休。

对生活怀有一颗感恩之心的人,即使遇上再大的灾难,也能挺过去。感恩的人遇上祸,祸也能变成福,而那些常常抱怨生活的人,即使遇上了福,福也会变成祸。

积极心态与成功是一对孪生兄弟。毫无疑问,一个不想当元帅的士兵,一辈子都是兵卒。这说明,只要你拥有积极的心态,就没有解决不了的难题,就没有做不成的事情。仔细观察、比较一下成功者与失败者的心态,尤其是在关键时刻,我们就会发现"一念之差"导致惊人的结果。

什么叫心态?心态就是一个人对待事物的态度。一只杯子里有半杯水,心态不好的人看见了会说:"唉,只有半杯水了。"而心态好的人则会说:"啊,还有半杯水呢!"这就是人们对待事物的不同心态。前者喜抱怨,爱悲观;而后者则心怀感恩,积极乐观。

> **事例**
>
> 古时候有一位国王,梦见山倒了,水枯了,花也谢了,便叫王后给他解梦。王后说:"山倒了指国家要亡,水枯了指民众离心;君是舟,民是水,水枯了,舟就不能行了;花谢了指好景不长了。"国王惊出一身冷汗,从此患病,且愈来愈重。

一位大臣来参见国王，国王在病榻上说出了他的心事，哪知大臣一听，大笑道："太好了，山倒了指从此天下太平；水枯指真龙现身，国王就是真龙天子；花谢了，花谢见果子啊！"国王听后全身轻松，病很快痊愈了。

积极的心态有助于人们克服困难，使人看到希望，保持旺盛的斗志。消极的心态使人沮丧、失望，对生活和人生充满了抱怨，只会自我封闭，限制和扼杀自己的潜能。抱怨，会离感恩越来越远，所以要远离抱怨这个"恶魔"，抛弃你的怨言，正确对待学习、工作和生活中的委屈，逐渐原谅那些曾和你有过积怨甚至伤过你的心的人，忘记过去不愉快的事情。常怀感恩之心，我们便能够生活在一个和谐的世界里。

课堂活动

请谈谈下面两个事例给你的启示。

事例

两个在沙漠中迷路的游客，已行走多日，在他们口渴难忍的时候，碰见一个牵骆驼的老人，老人给了他们每人半碗水。两个人面对同样的半碗水，一个抱怨水太少，不足以消解身体的饥渴，抱怨之下顺手将这半碗水泼掉了。另一个人也知道这半碗水不能完全消解身体的饥渴，但他却从心底里感激老人，并且怀着感恩的心情，喝下了这半碗水。结果，前者因为拒绝这半碗水而渴死在沙漠之中，后者因为喝了这半碗水，终于走出了沙漠。

事例

一头老驴，掉到了一个废弃的陷阱里。陷阱很深，老驴根本爬不上来。主人看它是头老驴，就懒得去救它了，让它在陷阱里自生自灭，而那头老驴也放弃了求生的希望。每天不断地有人往陷阱里面倒垃圾。按理说老驴应该很生气，应该天天抱怨，自己倒霉掉到了陷阱里，还有那么多垃圾扔在它旁边。可是有一天，老驴决定改变自己的态度，它每天都把垃圾踩到自己的脚下，从垃圾中找到残羹剩饭来维持自己的生命，而不是被垃圾所淹没。终于有一天，老驴重新回到了地面上。

不要抱怨自己的专业不好，不要抱怨自己的学校不好，不要抱怨自己住在破旧的宿舍里，也不要抱怨自己的计算机速度太慢，更不要抱怨自己空怀一身绝技却没人赏识，现实中有太多的不如意，就算生活给我们的都是垃圾，我们也同样能把垃圾踩在自己的脚底下，登上世界之巅。

其实，我们所抱怨的事情并不是什么大不了的事情，都是些日常工作生活中经常发生的小事情而已。明智的人会对此一笑置之，因为有些事情是我们不可避免的，有些事情是我们无力改变的，有些事情是我们无法预测的。能补救的我们应尽力去挽回，无法改变的我们只能坦然接受，最重要的是我们要做好目前我们应该做的事情。

在现实生活中，我们要正确看待得失。我们应该相信：目前我们所拥有的，不论是顺境，还是逆境，都是上苍对我们最好的安排。得到固然令人欣喜，失去却也使人神迷。上苍会在关上一扇门的同时打开另一扇窗。得与失本身是无法分离的，得中有失，失中又有得。因此，我们应该在顺境中感恩，在逆境中依旧心存喜悦。

课堂活动

认真想一想，你受过哪些委屈和挫折。然后站到讲台上，与同学分享你是如何成功化解委屈和挫折的。

（3）担负起自己的责任　感恩不仅仅是为了报恩，因为有些恩泽是我们无法回报的，有些恩情更不是等量回报就能一笔还清的。感恩不同于一般意义上的"感谢""感激"，感恩应该是一种更深的、发自内心的生活态度，它更应当是个体的一种责任意识、自立及自尊意识，一种自我精神境界的追求。

感恩，说明一个人对自己与他人和社会的关系有着正确的认识；报恩，则是在这种正确认识之下产生的一种责任感。它是一种责任、自立、自尊，一种追求阳光人生的精神境界。一个社会如果没有社会成员的感恩和报恩，很难想象它能够正常发展下去。

只有当一个人从心底里改变了自己对责任的理解，认识到责任不仅是对他人、社会的一种责任，也是对自己的一种责任，并在承担这种责任中感受到自身的价值以及自己获得的尊重和认同，他（她）才能从承担责任中获得满足。

勇敢地去承担一些责任，并且为这份责任付出自己的努力，你会发现自己的心情会随之开朗，智慧会随之增长，你的周围会聚集更多志同道合的朋友，你会被更多的人尊重和认同。

事例

2016年"感动中国人物"，乡村教师支月英36年来坚守在偏远的山村讲台，从"支姐姐"到"支妈妈"，教育了大山深处的两代人。支月英说："有的人说我是傻子，说我特傻，我是这样想的，山里需要我这样的傻子。"在日新月异的时代里，选择坚守不容易，支月英的不言之教，已经让学生看见了什么是良知和操守。

> **课堂活动**
>
> 请谈谈作为学生，你拥有哪些责任；作为儿女，你拥有哪些责任。

课后拓展

（一）倾听故事

1. 感谢上帝

感恩节期间，有位先生垂头丧气、毫无生气地来到教堂，坐到牧师面前。他对牧师诉苦道："都说感恩节人们要对上帝献上自己的感谢之心，如今我一无所有，失业已经大半年了，工作找了十多次，也没人用我，我没什么可感谢上帝的了。"牧师问他："你真的一无所有吗？上帝是仁慈的，神依然爱你，你没感觉到吗？好，这样吧，我给你一张纸，一支笔，你把我问你答记录下来，好吗？"

1）牧师问他："你有太太吗？"

他回答："我有太太，她不因我的困苦而离开我，她还爱着我。相比之下，我的愧疚也更深了。"

2）牧师问他："你有孩子吗？"

他回答："我有孩子，有5个可爱的孩子，虽然我不能让他们吃最好的，受最好的教育，但孩子们都很争气。"

3）牧师问他："你胃口好吗？"

他回答："呵，我的胃口好极了，由于没什么钱，我不能最大限度地满足我的胃口，常常只吃7成饱。"

4）牧师问他："你睡眠好吗？"

他回答："睡眠？呵呵，我的睡眠棒极了，一碰到枕头就睡着了。"

5）牧师问他："你有朋友吗？"

他回答："我有朋友，因为我失业了，他们不时地给予我帮助，而我却无法回报他们。"

6）牧师问他："你的视力如何？"

他回答："我的视力好极了，我能够清晰看见很远地方的物体。"

于是他的纸上就记录下了这么6条：①我有好太太；②我有5个好孩子；③我有好胃口；④我有好睡眠；⑤我有好朋友；⑥我有好视力。

牧师听他读了以上的6条，说："祝贺你，也感谢我们的上帝，他是何等地保佑你，赐福给你。你回去吧，记住要感恩。"

他回到家，回想刚才的对话，照照那久违的镜子："呀，我是多么凌乱，又是多么消沉，头发硬得像板刷，衣服也有些脏……"

后来他带着感恩的心，精神开始振作起来，终于找到了一份很好的工作。

2. 投桃报李

投桃报李出自《诗经》：投我以木桃，报之以琼瑶。从"木桃"到"琼瑶"，只是一枚感谢的种子而已——缘于爱与被爱。这之间连接的不过是一份心意罢了。或许，木桃对他而言，是上上之品，你报之以琼瑶，未必就是倾其所有——也就是一声由衷的"感谢"吧。

3. 滴水之恩，涌泉相报

原文是"涓滴之恩，当以涌泉相报"。文字面记载最早为清代的《增广贤文》，原为民间俗语，后清代朱用纯编辑收录，为教子醒世用。

4. 慈母之恩

唐代诗人孟郊曾写下《游子吟》一诗："慈母手中线，游子身上衣。临行密密缝，意恐迟迟归。谁言寸草心，报得三春晖。"

5. 羊有跪乳之恩，鸦有反哺之义

出自清朝《增广贤文》一书，意思是：小羊跪着吃奶，小乌鸦能反过来喂养老乌鸦，以报答父母的养育之恩。

6. 结草衔环，以报恩德

结草与衔环都是古代报恩的传说，出自《左传》。前者讲的是一个士大夫将其父的爱妾另行嫁人，不使殉葬，爱妾的父亲为替女儿报恩，将地上野草缠成乱结，绊倒恩人的敌手；后者讲的是有个儿童挽救了一只受困黄雀的性命，黄雀衔来白环四枚，声言此环可保恩人子孙世代洁白，身居高位。后将二典故合成一句，比喻受人恩惠，定当厚报，生死不渝。明朝时冯梦龙在《醒世恒言》中写道：大恩未报，铭刻于怀。衔环结草，生死不负。

7. 漂母的一饭之恩

韩信少年时家中贫寒，父母双亡。他虽然用功读书，拼命习武，却仍然无以为生。迫不得已，他只好到别人家吃"白食"，为此常遭别人冷眼。韩信咽不下这口气，就来到淮水边垂钓，用鱼换饭吃，经常饥一顿饱一顿。淮水边上有个为人家漂洗纱絮的老妇人，人称"漂母"，见韩信可怜，就把自己的饭菜分给他吃，天天如此，从未间断，韩信深受感动。后来韩信被封为淮阴侯，却始终没忘漂母的一饭之恩，他派人四处寻找，最后以千金相赠。

8. 知遇之恩

春秋时期，俞伯牙擅长弹奏琴弦，钟子期擅长听音辨意。有一次，伯牙来到泰山（今武汉市汉阳龟山）北面游览时，突遇暴雨滞留岩下，寂寞之余，拿出古琴弹了起来。也正在附近躲雨的樵夫钟子期听到后，忍不住叫道："好曲！真是好曲！"随后伯牙每奏一支琴曲，子期都能听出它的意旨和情趣，这使得伯牙惊喜异常。二人因此结为知音，并约好来年再相会论琴。可第二年伯牙来会子期时，得知子期不久前已经因病去世。伯牙痛惜伤感，摔破了古琴，从此不再抚弦弹奏，以谢平生难得的知音。

9. 士为知己者死

这句话是我国春秋末期晋国著名刺客豫让说的，强调感恩、报恩。得知对自己有知遇之恩的智伯被赵襄子所杀，豫让认为"士为知己者死，女为悦己者容"，决心刺杀赵襄子为智伯报仇。第一次刺杀失败以后，他用漆疮烂身体，吞炭弄哑声音，残身苦形，使妻子都不认识自己，然后寻找接近赵襄子的时机。第二次行刺仍以失败告终，但是被捕的豫让说："明主不掩人之美，忠臣有死名之义。"他请求赵襄子借衣服让他砍一刀。赵襄子脱下了贵族的华服，豫让拔剑三跃而击之，然后伏剑自杀。

10. 感恩节的由来

1620年，著名的"五月花"号船满载不堪忍受英国国内宗教迫害的清教徒102人到达美洲。1620年和1621年之交的冬天，他们遇到了难以想象的困难，处在饥寒交迫之中，冬天过去时，活下来的移民只有50来人。这时，心地善良的印第安人给移民送来了生活必需品，还特地派人教他们怎样狩猎、捕鱼和种植玉米、南瓜。在印第安人的帮助下，移民们终于获得了丰收，在欢庆丰收的日子里，按照宗教传统习俗，移民们定下了感谢上帝的日子，并决定为感谢印第安人的真诚帮助，邀请他们一同庆祝节日。

在第一个感恩节的这一天，印第安人和移民们欢聚一堂，他们在黎明时分鸣放礼炮，列队走进一间用作教堂的屋子，虔诚地向上帝表达谢意，然后点起篝火举行盛大宴会。第二天和第三天他们又举行了摔跤、赛跑、唱歌、跳舞等活动。第一个感恩节举办得非常成功，其中许多庆祝方式流传了300多年，一直保留到今天。

（二）美文

从我们来到这个世界上的那一刻起，我们便拥有了太多。父母给了我们生命和健康，兄弟姐妹给了我们欢乐和亲情，老师给了我们知识和关爱，朋友给了我们友谊和信任。

当我们感受一缕缕晨风，听见一声声鸟鸣，触摸一滴滴露珠，我们知道，那是来自于大自然赋予我们的愉悦。当我们迎来新一轮朝阳，目送夕阳西下，那是时光丰富了我们的生命。甚至，当我们承受了一次风雨，走过了一段泥泞，那是生活给了我们战胜困难的勇气……

这一切，都需要我们用一颗感恩的心去微笑面对。学会了感恩，我们便拥有了快乐，拥有了幸福，也拥有了力量，我们才不会在生活中轻言放弃，勇往直前。让我们把感恩的话语说出来，对我们的亲人，对我们的朋友和老师，还要对我们的生活，哪怕是一次磨难，我们也要微笑地说一声"谢谢"。

(三) 名人名言

英国作家萨克雷说："生活就是一面镜子，你笑，它也笑；你哭，它也哭。"常怀感恩之心，你会赢得更多尊重和关爱；常怀感恩之心，你会对生活少一份挑剔和敌意，多一份欣赏和感激。

参 考 文 献

[1] 王前新. 问题行为矫治妙方 [M]. 武汉：武汉大学出版社，2000.
[2] 吴增强. 学校心理辅导活动指南 [M]. 上海：上海科学技术文献出版社，1999.
[3] 郭碧莲. 会说一口漂亮话成功闯天下 [M]. 北京：金城出版社，2006.
[4] 金正昆. 现代礼仪丛书 [M]. 北京：北京大学出版社，2005.
[5] 关小燕. 礼仪——规范行为的学问 [M]. 北京：清华大学出版社，2008.
[6] 张晓明，等. 沟通与礼仪 [M]. 北京：科学出版社，2009.
[7] 杜君. 教你游刃社交的26招 [M]. 北京：中国经济出版社，2009.
[8] 邢延国. 幽默说话 智慧做人 [M]. 北京：地震出版社，2009.
[9] 邢群麟，姚迪雷. 有效沟通 [M]. 沈阳：万卷出版社，2008.
[10] 戴尔·卡内基. 卡内基沟通与人际关系 [M]. 詹丽茹，译. 北京：中信出版社，2008.
[11] 刘晖，张彩霞，阎琦. 完美口才训练教程 [M]. 北京：电子工业出版社，2009.
[12] 王建民. 管理沟通理论与实务 [M]. 北京：中国人民大学出版社，2005.
[13] 李淑君. 跨文化商务沟通中的体态语解密 [J]. 牡丹江大学学报，2010，19（5）：53-55.